Arena Bibliothek des Wissens

Lebendige Geschichte

Harald Parigger, geboren 1953, arbeitete als Gymnasiallehrer und Seminarleiter und leitet heute ein Gymnasium bei München. Seit 1994 schreibt er neben Theaterstücken, Lyrik und Geschichten für Kinder vor allem historische Romane und Krimis für jugendliche und erwachsene Leser. Sein Werk wurde mehrfach ausgezeichnet. Im Arena Verlag erschien von ihm *Der Dieb von Rom* (5839), *Der Galgenstrick* (2805), *Der Safranmord* (2803) und *Tödliche Äpfel* (2804).

Klaus Puth, geboren 1952 in Frankfurt am Main, arbeitete nach seinem Studium an der Hochschule für Gestaltung in Offenbach zunächst in einem Verlag für Grußkarten. Seit 1989 ist er freiberuflich als Illustrator für verschiedene Verlage tätig und hat mehrere Preise erhalten.

Harald Parigger

Caesar und die Fäden der Macht

Alpdruck der Vergangenheit

Purpurrot wie geronnenes Blut leuchtete das Gewand des Mannes vor dem Marmorweiß der Säule, an der er lehnte. Er lächelte selbstvergessen, sein Blick war in die Weite gerichtet. Der Gestalt, die zu seinen Füßen kauerte, schenkte er keine Beachtung.

Er merkte auch nicht, wie hinter ihm ein Mann, ganz in Weiß gekleidet, näher kam, ein zweiter und ein dritter, schließlich eine ganze Schar. Erst gingen sie zögernd und vorsichtig, dann wurden ihre Schritte fester und fanden sich zusammen. Bedrohlich hallte der Gleichklang ihrer Sohlen von den Wänden wider.

Er musste sie doch hören! Er musste sie hören und sich umdrehen und ihre grimmigen Gesichter sehen, den matten Schimmer der Dolche, die sie in den Händen hielten!

Eusebios Gibber schrie ihm eine Warnung zu. *Lauf davon! Lauf um dein Leben!*

Doch der Mann reagierte nicht, er lächelte nur. Die Gestalt vor ihm richtete sich auf, packte sein Gewand und krallte die Finger hinein.

Lauf!, schrie Eusebios Gibber. *Lauf, ehe es zu spät ist!* Jetzt sah der Mann zu ihm hin, sein Lächeln verblasste, er wandte den Kopf und hob abwehrend die Hände.

Doch da waren sie schon über ihm. Klinge um Klinge stieß

auf ihn nieder. Eusebios Gibber wollte ihm zu Hilfe eilen, doch seine Glieder waren wie gelähmt. Er schloss die Augen, aber seine Lider waren wie durchsichtig, das grässliche Bild verschwand nicht. Da schrie er zum dritten Mal ...

Eusebios' Herz raste, Schweiß perlte ihm über Brust und Rücken. Als er sich mit den Händen das spärliche Haar aus der Stirn strich, merkte er, dass sie zitterten.
Erst allmählich beruhigte er sich. Der vertraute Geruch von Papyrus und verbranntem Öl drang ihm in die Nase. Er war nicht in Rom, nicht umgeben von Mördern mit gezückten Dolchen, sondern saß in seinem weichen Bett, in einem beschaulichen Städtchen in Hispania[1], ein paar hundert Meilen von Rom entfernt. Immer noch schwer atmend, ließ er sich in die Kissen zurücksinken. So lange her war es jetzt, doch immer noch ließen ihn die Bilder von damals nicht los, plagten ihn gelegentlich Alpträume, und es war ihm, als wären sie gestern gewesen, die Iden[2] des März.

Als Eusebios Gibber ein paar Stunden später vor seinen Schülern stand, fühlte er sich immer noch wie gerädert – und seine Laune war dementsprechend.
„Oh ihr Götter, warum straft ihr mich, indem ihr mir diese hirnlosen Kröten als Schüler gebt?", fauchte er. „Wie kommt es, dass in Hispania, wo fast das ganze Jahr die Sonne scheint, in den Köpfen nur Nebel zu finden ist? Zum letzten

1 Hispania – *Name der römischen Provinzen Hispania citerior und ulterior, Teile des heutigen Spaniens*
2 Iden – *der 13. bzw. 15. (im März, Mai, Juli, Oktober) Tag eines Monats*

Mal: Wie berechnet man den Umfang des Kreises? Spurius!"

„Des ... Kreises? Man misst ... äh, man schätzt, glaube ich, erst mal ..."

„Man schätzt! Man schätzt, sagt dieser *homo ineruditus*[3], dieser *plumbeus*[4] ..." Eusebios funkelte den unglücklichen Spurius an. „Schätzen kannst du, wer von euch die schmutzigsten Füße hat. Aber die Mathematik ist eine exakte Wissenschaft, verstanden? Und damit du dir das endlich merkst, Spurius, schreibst du ..."

„*Magister!*", unterbrach ihn Spurius verschüchtert. „Warum hast du so schlechte Laune? Wir haben dir doch gar nichts getan!"

Eusebios schämte sich. Der Junge hatte nicht ganz Unrecht: Sie waren zwar nicht gescheiter, aber auch nicht dümmer als üblich. Warum ließ er seine schlechte Laune an ihnen aus? Also setzte er sich und nickte Spurius versöhnlich zu. „Vergebt mir, meine Schüler, aber ich hatte einen scheußlichen Alptraum heute Nacht ..."

„Was für einen?", erkundigte sich Lucilius neugierig.

„Ach, es war die Erinnerung an ein Ereignis vor vielen, vielen Jahren in Rom. Damals war ich drauf und dran, den Lauf der römischen Geschichte zu verändern ..."

Die Jungen brachen in brüllendes Gelächter aus. Ihr Lehrer maß vom Scheitel bis zu den Zehen gerade mal gute fünf Fuß, hatte einen gut ausgebildeten Bauch und einen kinds-

3 homo ineruditus – *ungebildeter, ungehobelter Mensch*
4 plumbeus – *stumpfsinniger Bursche*

kopfgroßen Buckel. Wie hätte ein solches Männchen den Gang der Geschichte verändern sollen?
Eusebios Gibber war gekränkt. *„O simplicitas*[5] *iuventutis"*, sagte er tadelnd. „Manchmal sind es gerade die Kleinen, Geringen, die zu Großem berufen sind. Mir wäre es damals um ein Haar gelungen, einen blutigen Mord zu verhindern – und dann wäre die römische Geschichte, wie gesagt, vielleicht anders verlaufen."
„Erzähl, *magister*", bat Lucilius und die anderen klatschten Beifall.
Eusebios seufzte. „Alles ist besser als Unterricht, nicht wahr? Aber warum nicht? Die Geschichte ist der beste Lehrmeister!" Er lehnte sich zurück und begann:
„Die Ereignisse, die ich euch jetzt wahrheitsgetreu erzählen werde, fanden vor ziemlich genau 30 Jahren statt, in den Monaten Februar und März des 710. Jahrs seit der Gründung Roms.
Die römische Republik, die so viele Jahre lang bestanden hatte, gab es eigentlich nicht mehr. Nach einem viele Jahre dauernden blutigen Bürgerkrieg hatte schließlich Gaius Julius Caesar die Herrschaft in Rom übernommen.
Ich war damals Sklave im Besitz eines gewissen Tertius Salvius Stolidus, der in Caesars Regierungsbehörde arbeitete. Ihr könnt ihn euch gar nicht widerwärtig genug vorstellen. Wenn er Caesar gegenübertrat, schleimte er wie eine mit Salz bestreute Nacktschnecke. Bei Leuten, die über ihm stan-

5 O simplicitas iuventutis! – *Oh Einfalt der Jugend!*

den, machte er einen Buckel, gegen den der meine die Größe einer Erbse hat. Wer ihm aber untergeben war, den schikanierte er nach Kräften, und wie er mit seinen Sklaven umging ... In der Nähe mächtiger Männer gibt es viele solche miesen Kreaturen. Hütet euch vor ihnen, meine Söhne, und werdet vor allem nicht wie sie!
Mich behandelte er meistens halbwegs ordentlich, denn ich war ihm nützlich. Ich konnte lesen und schreiben, war, mit Verlaub, ein kluger Kopf und dazu flink, klein und unauffällig. Zum Erledigen von allerhand Büroarbeiten und zum Überbringen wichtiger Nachrichten war ich bestens geeignet. Außerdem konnte niemand so wie ich beinahe unsichtbar um bedeutende Zeitgenossen herumwieseln, im Bad und in den Gassen Gespräche belauschen und so stets den neuesten Klatsch mit nach Hause bringen. In einer solchen Mission war ich auch in jener Nacht unterwegs gewesen. Es war am vierten Tag vor den Iden des Februar, als ich am Rand der Subura[6] eine Horde besoffener Plebejer[7] beobachtete ...“

6 Subura – *berüchtigter Stadtteil nordöstlich des Forums*
7 Plebejer – *einfacher römischer Bürger, Angehöriger der Unterschicht*

Die römische Republik

Schon ein Jahrtausend vor Christus wurde das hügelige Gebiet, in dem das heutige Rom liegt, von verschiedenen Stämmen besiedelt. Eine Anzahl kleiner Bauerndörfer wuchs zur Stadt Rom zusammen. Einer dieser Stämme, die Etrusker, war den anderen technisch und kulturell überlegen. Aus ihm gingen die Könige hervor, die ab ungefähr 600 vor Christus in Rom herrschten. Das angebliche Gründungsjahr 753 vor Christus, nach dem die Römer auch ihre Jahre datierten, wurde erst später festgelegt.

Schließlich wollten sich die anderen Stämme nicht mehr von einem etruskischen Alleinherrscher regieren lassen. Um etwa 500 vor Christus wurde der letzte König abgesetzt und vertrieben. Von nun an bildeten jeweils dreihundert angesehene Männer einen Rat, der für die Gesetzgebung und die Entscheidung über Krieg und Frieden zuständig war: den Senat. Eine Anzahl von jährlich neu gewählten Beamten, die Magistrate, übernahm die täglichen Regierungsgeschäfte.

Debatte im Senat. Fresko, 19. Jahrhundert

Alle Senatoren und alle Magistrate waren Patrizier, Angehörige der reichsten und mächtigsten Familien Roms. Sie bildeten den Adel.

Die einfachen Leute, die Plebejer, durften zwar die Magistrate mitwählen, hatten aber sonst nichts zu sagen, und um ihre Interessen kümmerte sich niemand. Annähernd 200 Jahre lang kämpften die Plebejer um mehr Rechte. Schließlich erreichten sie, dass sie auch Magistrate und Senatoren werden durften. Sie konnten in eigenen Versammlungen Gesetze beschließen und erhielten das Recht, sich zehn Interessenvertreter zu wählen, die Volkstribunen, die großen politischen Einfluss besaßen. Einer Anzahl von Plebejerfamilien gelang es, genauso einflussreich zu werden wie die Patrizier und in den Adel aufzusteigen. Stolz nannten die Römer ihren Staat *res publica,* eine Republik, womit sie ausdrückten, dass jeder Bürger am politischen Leben mitwirken durfte und sollte. Das galt allerdings nur für Männer; Frauen hatten, zumindest offiziell, in der Politik nichts zu sagen.

Alle wichtigen Beschlüsse wurden, als Zeichen der Macht des Volks und der Bedeutung des Senats, mit einer Unterschrift versehen: SPQR – *senatus populusque Romanus*, Der Senat und das Volk von Rom.

Die Bürgerkriege

Die Republik war anfangs sehr erfolgreich; die Römer eroberten Italien und nach und nach große Teile des Mittelmeerraums. Dadurch wuchs der Reichtum der Stadt beträchtlich.

In dieser Zeit schafften es auch Plebejer, als Kaufleute und Unternehmer viel Geld zu verdienen; sie bildeten einen eigenen Stand, eine Art gehobene Mittelschicht, die *equites* (Ritter).

Die Verlierer der neuen Verhältnisse waren die kleinen Bauern aus dem römischen Umland. Sie verarmten durch den ständigen Kriegsdienst: Sie mussten ihre Ausrüstungen selbst bezahlen und konnten ihre Ernten nicht einbringen. Weil reiche Bürger auf riesigen Landgütern (Latifundien) billiger produzierten, konnten sie ihre Produkte nicht mehr absetzen. Waren sie verschuldet, verloren sie ihr Land. Dann blieb ihnen nichts, als nach Rom zu ziehen. Fast völlig mittellos bevölkerten sie zu Hunderttausenden die Stadt, abhängig von staatlichen Getreidespenden und Almosen, ohne Perspektiven und dementsprechend unberechenbar und gefährlich.

Ochsenfuhrwerk *(plaustrum)* zum Warentransport. Relief

Die brisante Lage führte ab Mitte des zweiten Jahrhunderts vor Christus zu heftigen politischen Auseinandersetzungen, die sich über viele Jahrzehnte hinzogen: Es gab eine Partei der Reaktionäre, die alles beim Alten lassen wollte; ihre Anhänger nannten sich Optimaten (die Adelsfreunde). Die Reformer, die sich für eine verbesserte Situation der Plebejer einsetzten, hießen Popularen (die Volksfreunde). In beiden Lagern nutzten skrupellose Machtpolitiker die explosive Lage für ihre Zwecke aus.

Im Jahr 82 entschieden der Optimate Sulla und die Senatspartei den Konflikt vorerst für sich. Sulla errichtete eine Diktatur. Mit brutalen Methoden stellte er die öffentliche Ordnung wieder her. Er stärkte die Rechte des Senats und schwächte die der Volkstribunen. Zur Überraschung aller Römer aber legte er im Jahr 79 vor Christus seine Ämter nieder.

Schon bald bekämpften sich Popularen und Optimaten wie eh und je. Zwei Männer stritten jetzt mal miteinander, mal gegeneinander um die Herrschaft in Rom: der schwerreiche und charakterlose Marcus Licinius Crassus sowie der intelligente und liebenswürdige, aber auch eitle und ehrgeizige Gnaeus Pompeius.

Im Jahr 60 vor Christus verbündeten sich die Rivalen mit einem einflussreichen Patrizier namens Gaius Julius Caesar. Niemand ahnte damals, dass dieser Caesar zwar den Bürgerkrieg vorläufig beenden würde, aber auch die Republik ...

„Er ist fällig, der Feind der Republik!"

Die Subura ist eine Gegend, in der man schon am Tag auf der Hut sein muss. Nirgends leben so viele Menschen auf einem Fleck wie dort. In heruntergekommenen *insulae*[8], Bruchbuden mit drei, vier oder fünf Stockwerken, hausen die Armen und die Ärmsten der Armen dicht gedrängt bis unter die Dächer, die Erdgeschosse sind voll gestopft mit Kneipen und Imbissbuden, Werkstätten, Läden und Bordellen. In den Gassen und auf den Märkten wimmelt es von Menschen – wehe dem, der da nicht auf seine Geldbörse achtet.
Auch der Abschaum hat sich in der Subura niedergelassen, dort kann man sich verkriechen in der Masse, anonym und unentdeckt. Exgladiatoren, verkrachte Existenzen aus aller Herren Länder, Räuber und Diebe leben dort. Nachts ist jede Menge Gesindel unterwegs, und wer nach Einbruch der Dunkelheit durch die Gassen der Subura gehen muss, tut gut daran, die Augen offen zu halten.
Immerhin gibt es auch eine ganze Anzahl wohlhabender und wichtiger Leute, die ihr Stadthaus in der Subura errichtet haben. In einem solchen war ich im Auftrag meines Herrn Tertius Salvius gewesen. Fast hatte ich schon die Straße erreicht, die zum Forum Romanum[9] führte, als ich vor mir Lichter flackern sah und lautes Gegröle hörte. Rasch blendete ich mein Laternchen ab und verbarg es unter meiner

8 insula – *mehrstöckiges Mietshaus*

9 Forum Romanum, oft auch nur „Forum": – *zentraler Platz, öffentlicher Versammlungsort, Mittelpunkt des politischen Lebens in Rom*

10 *paenula*. Mein Beutel war wohlgefüllt, denn ich hatte für Tertius Salvius Gelder eingenommen. Vorsicht war daher angebracht. Ich schlich also näher, bereit, mich in einem passenden Augenblick an den Radaubrüdern vorbeizudrücken. Allmählich konnte ich einzelne Wörter und Satzfetzen unterscheiden.

„… sagidir, sie le-legen ihn um“, lallte gerade einer.

„Ihn?“, gab ein anderer zurück. „Nie! Das traut sich ka-keiner!“

Eilig huschte ich noch näher und duckte mich in den Schatten eines kleinen Minerva-Tempels. Ich spitzte die Ohren, damit mir ja nur kein Wort entging.

„Wenn ich’s dir doch sage! Mein Patron hattes selber ssu… ssu, also, ich weiß nich mehr, ssu wem, aber gesagt hatter: Er mu-muss sterbn, weil er’n Feind der Republik is, hatter gesagt! Und das isser, jawoll!“

10 paenula – *Kapuzenmantel*

„Isser nich! Er is der Be-Beste von allen! Denk bloß ma an die Spiele! Hat so-sonst wer noch solche Spiele spendiert?"
„Er is fällich, hat mein Patron gesagt. Weil er'n Feind der Republik is!"
„Sag das noch mal, dann hau ich dir eine rein!"
„Feind der Republik! Feind der Republik!"
„Jetz mussu ihm eine reinhauen! Los, hau schon zu, Feigling!"
Ein wüstes Geschrei begann, ich hörte das dumpfe Klatschen von Fäusten, eine Fackel flog durch die Luft und verglimmte dicht neben mir qualmend in einer Pfütze.
Mehr würde ich kaum erfahren. Ich schob mich also langsam und mit so viel Abstand wie möglich an den raufenden Burschen vorbei. Bei den Göttern, diese Römer waren und blieben Barbaren!
Nachdenklich schritt ich weiter. Wer war „er", den die einen hassten und die anderen vergötterten? Es konnte sich nur um einen handeln: den unumschränkten Herrn Roms, den Diktator, Konsul und *pontifex maximus,* um Gaius Julius Caesar!
Als ich nach Hause kam, eilte ich sofort in das Schlafgemach meines Herrn. Schließlich war er ein Mitarbeiter Caesars, kein besonders wichtiger, aber er würde wissen, was zu tun war. Ich riss den Türvorhang beiseite – und starrte auf ein leeres Bett. Natürlich, ich hätte es mir denken können: Die Nächte, die Tertius Salvius zu Hause verbrachte, konnte man an den Fingern einer Hand abzählen.

Was tun? Ich hatte keine Ahnung, wo er sich befand, also blieb mir nichts anderes übrig, als zu warten. Ich hockte mich nachdenklich auf eine Marmorbank im *atrium*.[11]
Wenn an dem Gerede etwas dran war, wenn dieser Mord tatsächlich passierte – der Bürgerkrieg würde wieder ausbrechen, blutiger als je zuvor.
Natürlich könntet ihr einwenden, dass mir als Sklaven das hätte egal sein können, aber wenn Mord und Schrecken herrschen, dann sind die, die ganz unten stehen, am schlimmsten dran.
Stundenlang, so schien es mir, musste ich warten, bis es endlich draußen auf der Gasse laut wurde. Geräuschvoll öffnete sich das Tor und Tertius Salvius, gefolgt von einer Schar Sklaven und Freigelassener, die ihn als Leibwächter begleitet hatten, betrat das *vestibulum*.[12] Ich stürzte auf ihn zu. „Herr!“, schrie ich.

11 atrium – *nach oben offene Halle, Lichthof*
12 vestibulum – *Vorraum*

„Was willst du, du mi-missgeborene Laune der Götter?“ Tertius Salvius schwankte ein wenig, während er mich mit glasigen Augen zu fixieren versuchte. Beim Bacchus[13], der war genauso betrunken wie die Plebejerbande vorhin!

„Herr, ich muss dich unbedingt sprechen!“, drängte ich dennoch.

„Mo-morgen“, lallte er und stützte sich schwer auf einen seiner Begleiter. „Heute kann ich dein Gesch-Geschwätz nicht mehr ertragen!“

Ehe ich etwas einwenden konnte, wankte er schon davon.

Am nächsten Morgen waren die Augen meines Herrn nicht mehr glasig, aber klein und rot gerändert. Als ich ihm Bericht erstatten wollte, hielt er sich den schmerzenden Kopf und krächzte: „Kein Wort oder ich lass dir die Haut in Streifen vom Buckel schneiden!“

Eine Wasserkaraffe flog haarscharf an mir vorbei und zerschellte an der Wand. So war er, mein Herr, immer liebenswürdig, selbst wenn es ihm schlecht ging.

Nach dem Frühstück machten ihm seine Klienten die übliche Aufwartung – viele waren es nicht, denn Tertius Salvius war nur ein kleines Licht am Sternenhimmel der römischen Gesellschaft. Anschließend verschwand er, um auf dem Forum seine politischen Freunde zu treffen und den neuesten Klatsch auszutauschen, danach arbeitete er ein paar Stunden in Caesars Kanzlei. Gegen Mittag kam er wieder, doch als ich

13 Bacchus – *Gott des Weins und der Fruchtbarkeit*

mich ihm näherte, machte er eine so eindeutige Geste, dass ich schleunigst verschwand, um keine Prügel zu riskieren. Erst in den Thermen[14], als er sich im heißen Wasser geaalt und den letzten Rest Wein aus dem Körper geschwitzt hatte, war er endlich in der Stimmung, mich anzuhören.

„Also, was gibt es denn so Wichtiges?“, knurrte er, während ich ihm mit einer *strigilis*[15] den Rücken sauber schabte.

Ich berichtete im Flüsterton von meiner nächtlichen Begegnung und schloss: „Es ist also völlig klar: Auf Caesar ist ein Mordanschlag geplant.“

Einen winzigen Moment lang schien es mir, als fahre ihm der Schrecken in den Leib. Doch dann drehte er sich zu mir um und begann so plötzlich zu lachen, dass sich die anderen Badegäste erstaunt nach uns umdrehten.

„Eusebios Gibber“, kicherte er, „du spinnst!“

„Wie kannst du so etwas sagen, Herr?“, erwiderte ich gekränkt und fuhr im Eifer, ihn zu überzeugen, um einiges lauter fort. „Aus dem, was ich gehört habe, ergibt sich zwingend der Schluss, dass man Cae...“

Ich bemerkte seinen Gesichtsausdruck und unterbrach mich schleunigst: Aus der überheblichen Belustigung war blanke Wut geworden.

„Sag so etwas nicht einmal im Spaß“, zischte er. „Und vor allem nicht so laut! Wenn jemand dein Gefasel falsch versteht!“

„Aber ich habe keineswegs Spaß gemacht“, verteidigte ich mich. „Was ich gehört habe, habe ich gehört!“

14 Thermen – *Badeanlage*
15 strigilis – *Bürste zum Reinigen und Massieren im Bad*

„Ja, was hast du denn schon gehört! Irgendeine weinselige Null hat behauptet, dass irgendwer ‚umgelegt' werden soll. Hast du noch nie den Wunsch gehabt, jemandem den Hals umzudrehen, wenn dich der Wein in die richtige Stimmung gebracht hatte?"

Da hatte er Recht; unzählige Male hatte ich jemanden erwürgen wollen, ihn nämlich, und dazu hatte es gar keines Weins bedurft.

„Das ist etwas anderes, Herr", beharrte ich trotzdem. „Einer hat den erhabenen Caesar als Feind der Republik bezeichnet.

Das klingt nach Verschwörung, findest du nicht? Und außerdem wollte er ihn ja nicht selbst umbringen, sondern hat nur gesagt, dass jemand anderer dies tun wolle!"

„Hör auf mit deinen verdammten griechischen Spitzfindigkeiten", fuhr er mich an. „Massier mir jetzt den Rücken und sei endlich still!"

Ich goss mir ein wenig duftendes Lavendelöl auf die Hände und begann ihn durchzuwalken. Nach einiger Zeit wagte ich noch einen Versuch. „Meinst du nicht, Herr, dass du Caesar wenigstens warnen solltest?"

„Ich sag es dir zum letzten Mal, Sklave", knurrte er, „hör auf, mir mit deinem Geschwätz die Laune zu verderben. Niemand wird sich je an Caesar vergreifen, verstanden? Und jetzt kein Wort mehr oder du wirst den Tag deiner Geburt verfluchen!"

Da blieb mir nichts anderes übrig, als zu schweigen. Aber ich beschloss in der nächsten Zeit Augen und Ohren offen zu halten.

Die römische Gesellschaft

Ganz oben: nur wenige

Die Crème de la Crème waren die Adeligen *(nobiles)*, die von den Erträgen ihrer oft riesigen Landbesitzungen lebten. Zu ihnen gehörten die alten Patriziergeschlechter; doch auch Plebejerfamilien, die Reichtum und Ansehen erlangt hatten und aus deren Reihen mindestens einmal ein Mann zum Konsul oder Prätor gewählt worden war, durften sich zum Adel zählen.

Grabstein mit Doppelporträt eines vornehmen römischen Ehepaares. Um 50 v. Chr.

Vorn mit dabei: die Reichen

An zweiter Stelle der gesellschaftlichen Rangordnung folgten die Ritter *(equites)*, Leute, die es zu einem ansehnlichen Vermögen gebracht hatten: Aufsteiger wie reiche Kaufleute, Bau- oder Transportunternehmer, Inhaber großer Handwerksbetriebe, Bankiers, Steuereintreiber oder Pächter staatlicher Bergwerke. Sie hatten meist keinen politischen Ehrgeiz und mehrten lieber ihren Reichtum. Als Geldgeber waren sie aber hochwillkommen und oft auch einflussreich.

Immerhin Bürgerrecht: die kleinen Leute

Die Masse der römischen Bürger bildeten die Plebejer *(plebeii):* kleine Händler und Handwerker, Besitzer von Tavernen oder Imbissbuden, Tagelöhner und das Heer der Arbeitslosen, das vor allem aus bankrotten Kleinbauern bestand. Sie alle besaßen das Bürgerrecht, das heißt, sie durften die Beamten wählen, hatten Stimmrecht in der Volksversammlung, konnten Verträge und rechtsgültige Ehen schließen und durften das römische Ehrenkleid, die Toga, tragen.

Beinahe Bürger: die Exsklaven

Den Plebejern fast gleichgestellt waren die Freigelassenen *(libertini):* Jeder Bürger hatte das Recht, einen Sklaven freizulassen, weil er ihn besonders schätzte oder weil es dem Sklaven gelungen war, eine bestimmte, für den Freikauf erforderliche Summe zusammenzusparen. Mancher Bürger verfügte auch in seinem Testament, dass seine Sklaven freizulassen waren. Freigelassene mussten Klienten ihres ehemaligen Eigentümers werden und ihm bestimmte Dienste leisten. Erst ihre Kinder erhielten das vollständige Bürgerrecht.

Unentbehrliche Arbeitskräfte: die Unfreien

Auf der untersten sozialen Stufe standen die Sklaven *(servi)*. Die Unglücklichsten schufteten in den Bergwerken oder wurden zum Dienst als Gladiatoren oder in die Prostitution gezwungen. Zahllose waren in der Landwirtschaft beschäftigt, auf dem Bau, im Haushalt, als Ammen oder Köchinnen, bei Handwerkern, Händlern oder Behörden. Viele waren hoch qualifiziert und arbeiteten als Vermögensverwalter, Geschäftsführer, Sekretäre, Lehrer oder Ärzte. Auch wenn sie wegen ihrer Tüchtigkeit gut behandelt oder als treue Diener hoch geschätzt wurden: Sie waren fast völlig rechtlos und galten als Ware, die man beliebig verkaufen oder verschenken, drangsalieren oder sogar töten durfte.

Männerherrschaft total: Frauen und Kinder

Frauen standen lebenslang unter der Gewalt *(potestas)* eines Mannes: ihres Vaters oder ihres Ehemannes. Gleichberechtigung gab es nicht. Von jeder politischen Betätigung waren sie ausgeschlossen. Dennoch gelang es klugen Frauen der Oberschicht immer wieder, großen politischen Einfluss zu gewinnen.

Die Kinder wurden streng erzogen und hatten ihrem Vater bedingungslos zu gehorchen, die Mädchen auch der Mutter. Die Schulbildung richtete sich nach Stand und Geldbeutel der Eltern. Die Lehrer für Kinder aus wohlhabenden Familien waren meist griechische Sklaven oder Freigelassene, die sich – wie Eusebios Gibber – mit einer Privatschule selbstständig gemacht hatten.

Eine Hand wäscht die andere: Patrone und Klienten

Wer als Römer etwas auf sich hielt, versuchte eine möglichst große Zahl von Klienten zu gewinnen, Männer, die gesellschaftlich unter ihm standen und ihm als ihrem Patron Dienste leisteten: Sie arbeiteten für ihn; wenn er ein politisches Amt anstrebte, verkündeten sie seine überragenden Fähigkeiten und riefen dazu auf, ihn zu wählen. Wenn nötig boten sie ihm körperlichen Schutz.

Vor allem aber hatten sie ihm – ein ungeschriebenes Gesetz – jeden Morgen ihre Aufwartung zu machen. Dafür erhielten sie kleine Geschenke. Außerdem beriet ihr

Kampf zwischen Gladiatoren und Löwen. Relief, 1. Jahrhundert

Patron sie in Rechtsgeschäften oder vor Gericht. Wer in Rom vorwärts kommen wollte, brauchte einen einflussreichen Patron, wer eine politische Karriere anstrebte, brauchte viele Klienten.

Karrieren in Rom: die Beamten

Die Beamten *(magistratus)* bildeten die römische Obrigkeit. Sie wurden jeweils für ein Jahr gewählt, von jeder Rangstufe gab es mindestens zwei. Wer in Rom Karriere machen wollte, begann als Quästor (Finanzverwalter, Gehilfe höherer Beamter), dann ließ er sich zum Volkstribun (*tribunus plebis*, Rechtsanwalt der Plebejer) oder zum Ädilen (Polizeichef und Getreideverwalter) wählen. Die nächste Stufe war der Prätor (Richter). Wer es bis ganz nach oben schaffte, wurde zum Konsul gewählt:

Das Forum Romanum, Dreh- und Angelpunkt des öffentlichen Lebens. Rekonstruktion des antiken Forums, Holzstich, um 1880

Damit war er Regierungschef, Oberbefehlshaber im Krieg und Vorsitzender des Senats. Ehemalige Konsuln oder Prätoren (sogenannte Prokonsuln oder Proprätoren) wurden Verwalter von römischen Provinzen – das einzige Amt, in dem man (durch hohe Steuerforderungen) richtig reich werden konnte.
Denn Gehalt bekamen die Beamten keins, vielmehr wurde von ihnen erwartet, dass sie dem Volk Wahlgeschenke machten. Besonders die Ädile, die auch für die Ausrichtung der öffentlichen Spiele (z. B. Gladiatorenkämpfe und Wagenrennen) zuständig waren, mussten tief in die eigene Tasche greifen. Klar, dass sich das nur die Reichen leisten konnten, und auch die häuften (wie der junge Caesar) oft gewaltige Schuldenberge an.
Für einen jungen Mann aus „guter Familie" war es selbstverständlich, ein Amt anzustreben. Wer eine Amtszeit hinter sich hatte, wurde auf Lebenszeit Mitglied des Senats.

Caesar hält Hof

Wenn ich gehofft hatte, dass mein Herr noch einmal auf meine Warnung zurückgekommen wäre und mich vielleicht gar für meine Beobachtungsgabe gelobt hätte, so wurde ich gründlich enttäuscht. Auf dem Heimweg stapfte er wortlos und mit finsterer Miene voran. An seiner Lieblingstaverne, in der wir nach dem Bad gewöhnlich einkehrten, hielt ich an, doch er grunzte nur: „Heute nicht!", und schritt weiter. Ich unterdrückte einen Seufzer. Der Wunsch des Sklaven wird nur erfüllt, wenn der Herr den gleichen verspürt oder wenn eine Laune ihn gnädig gestimmt sein lässt. Doch darüber mit den Göttern zu hadern, lohnte sich nicht.
Kaum zu Hause angekommen, wurde ich auch schon wieder mit Aufträgen losgeschickt. Als ich alles erledigt hatte, war mein Herr längst wieder fort, unterwegs zum abendlichen Gelage bei einem seiner Freunde. Oh Bacchus, du Gott des Weines, lass ihn mäßig sein beim Trinken, damit er fröhlich und ohne Kopfschmerzen erwache!

Anscheinend hatte Bacchus meinen Wunsch erhört, denn Tertius Salvius war am nächsten Morgen auf den Beinen, ohne dass ich ihn zu wecken brauchte, warf nicht mit Gegenständen nach mir und beliebte sogar einen kleinen Scherz über meinen Buckel zu machen. Auch seinen Klien-

ten gegenüber war er von ungewohnter Liebenswürdigkeit und warf einige Hände voll Münzen unter sie. Er musste einen wunderbaren Abend verbracht haben!
Später forderte er mich auf ihn zum Forum zu begleiten. Nichts lieber als das! Das Forum ist der interessanteste Ort in ganz Rom, ach, was sage ich, im ganzen römischen Weltreich! Ihr müsst euch einen Platz vorstellen, gesäumt von gewaltigen Bauten: Tempel, Paläste, Hallen und Versammlungshäuser, die einen schimmernd in marmornem Weiß, die andern in leuchtenden Farben, in reinem Gold erglänzen Dach und Säulen des Vespa-Tempels. Auf hohen Podesten stehen Standbilder von kolossalen Ausmaßen, Göttinnen und Götter, verdiente Feldherren der Republik in Überlebensgröße. Triumphbögen zeugen von vergangenen Siegen, Säulen von erbeutetem Reichtum.
Doch diese äußere Pracht ist es nicht, die das Forum so einzigartig macht. Es ist das Leben, das auf ihm herrscht. Tausende bevölkern es, vor allem bis zur Mittagszeit. Menschen aus allen Ländern, die Rom untertan oder zinspflichtig sind, Schwarze, Braune, Weiße, Glattrasierte und solche mit mächtigen Bärten, mit hoch aufgetürmten Schöpfen die einen, andere mit kahlen Schädeln. Manche sind umhüllt von persischem Samt oder chinesischer Seide, manche tragen nur einen Schurz, den eine römische Matrone kaum mehr für schicklich halten würde. Und dennoch: Trotz all dieser Vielfalt ist die vorherrschende Farbe Weiß. Denn die meisten der

Menschen, die sich auf dem Forum befinden, sind römische Bürger. Und wer etwas auf sich hält, der trägt die Kleidung des Bürgers, die weiße Toga, wenn er das Forum betritt. Jeder Bürger, der überzeugt ist, ein wichtiger Mann zu sein – und davon gibt es eine ganze Menge in Rom – geht mindestens einmal am Tag auf das Forum, um andere wichtige Leute zu treffen. Und wer nicht wichtig ist, geht

auch, denn er könnte ja vielleicht die Aufmerksamkeit eines wichtigen Mannes erregen und so eines Tages selber wichtig werden.

Da stehen sie, zu zweit, in Grüppchen oder in dichten Trauben zusammen, diskutieren, schimpfen oder tuscheln. Senatoren stecken die Köpfe zusammen, um ein paar Gemeinheiten über einen Kollegen in Umlauf zu setzen. Ein paar Kaufleute umschwänzeln einen Ädilen, von dem sie sich einen fetten Auftrag erhoffen. Eine Gruppe von Plebejern preist lautstark ihren Patron, der nicht weit entfernt steht und mit betont gleichgültigem Gesicht um sich schaut, ob auch jemand zuhört. Zwischen all den Bürgern wuselt und wabert das Heer der Bedeutungslosen, der Freigelassenen, der Sklaven, stets in Eile, stets mit unbewegten Gesichtern, doch alles sorgsam registrierend, was um sie herum geschieht, denn es könnte ja etwas dabei sein, was zu wissen ihnen oder ihren Herren nützt.

Irgendetwas Interessantes gibt es immer zu sehen oder zu erlauschen: Bündnisse werden verabredet, Abstimmungen vorweggenommen, neue Freunde geködert, Versprechungen gemacht. Vor allem aber werden Neuigkeiten ausgetauscht, Gerüchte weitergegeben oder in die Welt gesetzt, denn die Römer tun gern, was die meisten Männer gern tun, nach Herzenslust klatschen.

Heute war ein besonderer Höhepunkt zu erwarten. Es hieß, der große Caesar würde auf dem Forum erscheinen, um anschließend in der Curia Iulia[16] vor den Senatoren zu sprechen. Sehr früh machten wir uns auf den Weg und doch war das Forum schon voller Menschen. Ich merkte sofort, dass die Leute unruhig waren. Auch Tertius Salvius hob witternd den Kopf, als ob er die gespannte Erwartung, die in der Luft lag, mit allen Sinnen erfasste.

„Hör dich um“, befahl er. Ich ließ mir das nicht zweimal sagen, huschte mit gespitzten Ohren zwischen den Gruppen und Grüppchen aufgeregt diskutierender Menschen hindurch und steuerte auf die *rostra* zu. Die *rostra* sind eine Art Tribüne aus gewaltigen Marmorblöcken, geschmückt mit den Rammschnäbeln erbeuteter Schiffe; sie stehen vor dem Tempel des Saturn, eine breite Treppe führt zu ihnen hinauf. An bestimmten Tagen werden dort Prozesse verhandelt oder große Reden geschwungen.

Am Fuß des Bauwerks hatte sich eine Anzahl Männer versammelt, denen man ihre Bedeutung schon von weitem ansah: Auf der rechten Seite ihrer Tunika, die von der Toga nicht bedeckt wurde, leuchtete ein breiter Purpurstreifen: das Zeichen der Senatoren. Mit möglichst gleichgültiger Miene schlenderte ich an sie heran, blieb einen Doppelschritt von

16 Curia Iulia – *Sitzungsgebäude des Senats*

ihnen entfernt stehen und spähte in die andere Richtung, als ob ich nach jemandem Ausschau hielte. In Wahrheit aber konzentrierte ich mich ganz auf das, was ich hörte.
„Womit er uns heute wohl wieder beleidigen wird?“, meinte einer gerade.
„Vielleicht bringt er sein Liebchen Kleopatra mit in den Senat!“, meinte ein anderer.
„Eine Frau in den Senat!“, entrüstete sich ein Dritter. „In Rom gehört eine Frau ins Haus, das war schon immer so!“
„Seit Caesar unsere Geschicke bestimmt, ist nichts mehr, wie es war.“
„Vielleicht bestimmt er unsere Geschicke nicht mehr allzu lang!“
Einer hatte den Satz hervorgestoßen, unüberlegt offenbar, denn er fügte nach einer peinlichen Pause hinzu: „Ich meine, vielleicht tritt er ja bald zurück, so wie Sulla!“
Eine Weile herrschte betretenes Schweigen, dann wagte doch einer die Frage, die in der Luft lag. Er sprach zögernd und gedehnt: „Sag mal, Longus Servilius, weißt du vielleicht etwas?“
„Ich? Wovon soll ich etwas wissen?“
„Es gibt Gerüchte, wonach Caesar seines Lebens nicht mehr sicher sein soll!“
„Unsinn! Caesar ist unantastbar!“
„Zumindest scheint er das selbst zu glauben. Sogar seine Leibwache soll er entlassen haben.“

„Vielleicht hält er sich für unsterblich. Aufgeblasen genug ist er."

„Er verlässt sich auf den Treueeid, den er uns alle hat schwören lassen."

„Wie kann er sich darauf verlassen? Er hat doch selber der Republik die Treue gebrochen!"

„Da vorne kommt er!"

Von acht kräftigen Sklaven getragen, näherte sich eine riesige Sänfte mit vergoldeten Seitenteilen, verhüllt mit Vorhängen aus purpurfarbenem Samt.

„Unglaublich!", zischte einer der Senatoren. „Er erlässt ein Gesetz gegen den Luxus, das die Benutzung von Sänften nur noch Frauen über 45 gestattet, und dann lässt er sich selbst durch die Gegend tragen!"

„Was willst du?", kicherte ein anderer. „Der große Caesar ist eben inzwischen ein altes Weib geworden!"

Niemand ging auf seinen Scherz ein. Auf einen Schlag war alles Lärmen auf dem Forum verstummt. Es schien, als hielte ganz Rom den Atem an. Keine Bewegung war zu sehen

außer dem Gleichschritt der Träger, nichts zu hören außer dem rhythmischen Klatschen ihrer Sohlen auf dem Pflaster. Nicht weit von den *rostra* entfernt hielten die Männer an. Einer gab ein lautes Kommando und sie setzten die Sänfte auf den Boden. Immer noch war kein Laut zu hören.
Ein roter Schuh schob sich aus der Sänfte, ein zweiter folgte, dann wurde der Vorhang mit energischem Schwung geteilt und der Mann, der das römische Weltreich beherrschte, trat auf das Pflaster: Gaius Julius Caesar.
Im gleichen Moment brach ohrenbetäubender Lärm los, ein vielstimmiges Schreien, Johlen, Pfeifen und Klatschen, Heil- und Buhrufe, Fluchen und Jubeln.
Fasziniert beobachtete ich den Diktator, der mit langsamen, gemessenen Schritten auf die Curia Iulia zuging, gefolgt von einer Schlange von Mitarbeitern, die sich wie auf Kommando hinter ihm versammelt hatte und zu der auch Tertius Salvius Stolidus gehörte. Aus solcher Nähe hatte ich Caesar nur selten gesehen, denn allzu oft hatte er sich in Rom nicht aufgehalten. Bei seinen wenigen öffentlichen Auftritten war er fern auf einer Empore gestanden und ansonsten von seiner spanischen Leibwache umgeben und abgeschirmt gewesen.
Caesar trug ein prachtvolles purpurrotes Gewand. Er war etwas über mittelgroß und nicht sonderlich breit gebaut. Sein spärliches Haar war sorgsam frisiert; dass er fast kahl war, sah man nicht (jeder Römer wusste es selbstverständlich

und machte sich im vertrauten Kreis darüber lustig), weil er einen goldenen Kranz auf dem Kopf trug. Sein Gesicht war kantig und hager, die Wangenknochen waren eingesunken, die Mundwinkel tief gefurcht. Ich wusste, dass er erst 56 Jahre zählte, man hätte ihn aber gut zehn Jahre älter schätzen können. Um seine Gesundheit war es schlecht bestellt, hieß es, die harten Jahre in Gallien hatten ihren Tribut gefordert.

Den Lärm um sich herum nahm er gelassen hin. Immer wieder hob er grüßend den rechten Arm und rief dem einen oder anderen ein freundliches Wort zu.

Als ein junger Plebejer, an dem er dicht vorüberschritt, ein besonders begeistertes „*Ave*[17], Caesar!“ ausrief, hielt er an, griff in sein Gewand und drückte dem Jungen ein Geldstück in die Hand. Ein lautes „Tyrann! Verräter der römischen Republik!“, das ihm von irgendwoher entgegengellte, quittierte er mit leichtem Hochziehen der linken Augenbraue und einer Geste unendlicher Herablassung.

„Was für eine Unverschämtheit“, presste der Senator Longus Servilius zwischen den Zähnen hervor. „Das Purpurkleid und der Kranz! Nur für die Dauer eines Triumphzugs darf man das tragen! Während eines Triumphzugs, der vom Senat, allein vom Senat bewilligt wird! Er führt sich auf wie ein etruskischer König!“

Caesar hatte die Gruppe der Senatoren entdeckt und kam auf sie zu. „Heil dir, göttlicher Caesar!“, brüllte Longus Servilius.

17 Ave! – *Sei gegrüßt!*

Mir wurde übel, als ich diesen doppelzüngigen Schleimer hörte, Caesar aber nickte erfreut und lächelte.
Als ich ihn so sah, wurde mir klar, warum er viele Erfolge und Siege auch ohne seine Soldaten errungen hatte: Seine Züge verloren alles Harte, Zerfurchte, wurden liebenswürdig und offen, die dunklen Augen blickten voller Wärme.
„*Salvete, amici*“[18], strahlte er. „*Quid agitis?*“[19]
Alle erwiderten seinen Gruß und überboten sich gegenseitig in den schmückenden Beinamen, die sie ihren „*Salve et tu*“[20] hinzufügten: erhabener Caesar, unbesiegbarer Caesar, göttlicher Caesar, hochberühmter Caesar ... Merkte er nicht, wie falsch das alles klang? Nein, es schien ihm zu gefallen, denn sein Lächeln vertiefte sich noch.

„Es ist unglaublich, großer Caesar“, sagte einer der Senatoren, „wie dich der Kerl da in der Menge beleidigt hat. Sollen wir ihn festnehmen lassen?“
Caesar breitete die

18 Salvete, amici! – *Seid gegrüßt, meine Freunde!*
19 Quid agitis? – *Wie geht's euch?*
20 Salve et tu! – *Sei auch du gegrüßt!*

Arme aus. „Ist es nicht besser, seinen Feinden zu verzeihen und sie sich so zu Freunden zu machen, als ihren Hass zu steigern?"

„Oh, welch schönes Beispiel der *clementia Caesaris*[21]", flötete Longus Servilius. „Oh ja, zu Recht haben wir eine Göttin aus ihr gemacht und du verdienst es, an ihrer Seite als Gott verehrt zu werden!"

Seine honigsüße Schmeichelei übertönte, was Caesar halb laut seinem hochherzigen Satz hinzufügte, und es bedurfte schon meiner scharfen Ohren, um es zu hören: „Außerdem hätte Caesar viel zu tun, wenn er sich um das Geschrei jedes Plebejerlümmels kümmern wollte!"

Er liebte es, von sich selbst in der dritten Person zu sprechen; darüber wurde so manches Witzchen gemacht, weil es als Zeichen seiner grenzenlosen Eitelkeit galt. Und tatsächlich war in seinem Gesicht nur noch Geringschätzung sichtbar, alle Liebenswürdigkeit war daraus verschwunden.

Aber das änderte sich sofort wieder, als er sich den anderen zuwandte und sie aufforderte: „Kommt, meine Lieben, wir wollen in die Curia gehen."

Er legte einen Arm um Longus Servilius und zog ihn mit sich. Der Senator, von dieser unerwarteten Gunstbezeugung überrascht, stolperte. Dabei glitt ihm etwas aus dem Gewand und rutschte zu Boden. Niemand achtete auf mich, als ich mich rasch danach bückte.

21 clementia Caesaris – *die Milde/Gnade Caesars*

Ein winziges Schreibtäfelchen. Fast hätte ich es fortgeworfen, aber dann steckte ich es doch ein.
Inzwischen waren die hohen Herren zwischen den Säulen der Curia verschwunden. Ich eilte ihnen hinterher, auch wenn ich wenig Hoffnung hatte, im Inneren noch ein Plätzchen zu erhaschen. Caesar hatte die Zahl der Senatoren von 600 auf 900 erhöht, um seine treuesten Anhänger mit einem schönen Pöstchen belohnen zu können. Seitdem war die Versammlungshalle so voll gestopft, dass für Zuschauer kaum noch Platz blieb. Und wirklich war schon am Eingang kaum ein Durchkommen.
„Achtung, macht Platz, eine wichtige Nachricht für den Prätor Marcus Iunius Brutus“, schrie ich, zog, einer schnellen Eingebung folgend, das Schreibtäfelchen heraus und fuchtelte damit herum. „Eine wichtige Nachricht, bitte lasst mich durch!“
Einige murrten und schimpften zwar, aber dennoch bildete sich eine schmale Gasse, durch die ich mich nach drinnen schlängeln konnte.
Schleunigst steckte ich das Täfelchen wieder ein. Ich zwängte mich neben einen Plebejer, der an einem Fladenbrot kaute, und spähte in den Saal. Überall auf den drei Estraden drängten sich die Senatoren, auf der Bühne stand Caesar mit Marcus Antonius, seinem Mitkonsul, und einer Anzahl von Verwaltungsbeamten, unter denen ich auch meinen Herrn, Tertius Salvius, erkannte.

Es ging zu wie draußen auf dem Forum, nur dass es enger, voller und dementsprechend noch viel lauter war. Alles redete und gestikulierte durcheinander. Endlich hob jemand auf der Bühne eine große Glocke und schwang sie kräftig. Der scheppernde Ton brachte die Menge zum Verstummen. Stille senkte sich über die Halle, erwartungsvoll blickten alle auf Caesar, der an der Balustrade der Bühne stand, blutrot unter all den Weißen, den schimmernden Goldkranz auf dem Kopf. „Bürger Roms!", rief er. Seine Stimme war die Stimme eines Feldherrn, der es gewohnt war, Kommandos zu geben. Sie drang bis in den letzten Winkel des Saales. „Edle Senatoren, verehrungswürdige *patres!*[22]" Er machte eine Pause, breitete die Arme aus und ließ seine Anrede nachhallen. „Rom schaut auf euch! Rom hört auf euch! Rom braucht euch! Ich brauche euch!"

Beifall prasselte durch den Saal.

Caesar hob die Hand, wieder herrschte schlagartig Ruhe. „Senatoren! Wir alle haben erfahren, wie schmerzlich es ist, wenn gerade die besten unter den Römern, statt im Inneren den Frieden zu wahren und nach außen im Kampf gegen die Feinde Roms zusammenzustehen, sich gegenseitig zerfleischen, weil sie nur die eigenen Interessen verfolgen, anstatt das Wohl des Staates zur Antriebskraft ihres Handelns zu machen! Ich sage euch, Senatoren, wir müssen uns den Feinden des Staates im Inneren entgegenstemmen! Der Bürgerkrieg muss ein Ende haben!"

22 patres – *Väter, Anrede für Senatoren*

Ich lachte still in mich hinein. Hatte er das nicht schön gesagt? Er, der selbst bewaffnet nach Rom marschiert war und den Bürgerkrieg neu entfacht hatte?

„Senatoren! Ich bin fest entschlossen den inneren Frieden wiederherzustellen und dem Staat wieder eine dauerhafte Ordnung zu geben. Und ich fordere euch auf mich dabei zu unterstützen! Schafft mit mir eine neue Ordnung! Ich brauche euch dazu!"

Immer lauter und fordernder war Caesars Stimme geworden. Hoch aufgereckt stand er an der Balustrade, die Arme wiesen mit ausgestrecktem Zeigefinger in die Masse seiner Zuhörer, so, als wolle er jedem einzelnen sagen: „Du, du bist gemeint!"

Erwartungsvolle, gespannte Stille herrschte im Saal.

Als Caesar jetzt fortfuhr, klang seine Stimme sanft und eindringlich, getragen von Duldsamkeit und Güte. „Ehrwürdige Väter, ich bitte euch um eure Mitarbeit bei diesem unserem großen Ziel. Aber ich verstehe auch, wenn ihr mir, angesichts der Gewalt, die meine Gegner in die Mauern der Stadt getragen haben, keine Hilfe gewähren wollt. Wenn ihr befürchtet womöglich selbst Opfer der Gewalt zu werden, wenn ihr an meiner Seite seid. Ich verstehe das gut und ich werde es akzeptieren. Dann, meine lieben Senatoren, werde ich euch nicht weiter zur Last fallen und die Lenkung des Staates selbst übernehmen. Aber das ist nicht der Weg, den ich gehen möchte. Ich möchte mit euch zusammen für den Ruhm und die Größe des Vaterlandes arbeiten, mit euch, den Säulen des Staates, dem römischen Senat!“

Jetzt stand er da, ein wenig in sich zusammengesunken, den Kopf geneigt, fast demütig. Und die Wirkung seines Auftritts blieb nicht aus. Gab es zunächst nur einzelne Rufe: *„Laudo!“*, *„Bene dictum!“*, *„Macte!“*,[23] riefen und klatschten bald alle, sprangen von ihren Sitzen und jubelten. Schließlich formierte sich das Stimmengewirr zu einem einstimmigen Chor: *„Pater patriae! Pater patriae! Pater patriae!“*[24]

Bei den Göttern, Caesar verstand es, mit einer Menschenmenge umzugehen! Wie er sie bei ihrer Ehre gepackt und an ihre Selbstachtung appelliert, wie er ihnen weisgemacht hatte, dass sie irgendetwas zu entscheiden hätten! Denn was war bei Licht besehen der Inhalt seiner Ansprache gewesen? Wenn ihr hübsch brav nach meiner Pfeife tanzt, dürft ihr mitspielen, wenn nicht, mach ich eben alles allein!

Das war sicherlich vielen der Zuhörer nicht entgangen, aber die Macht des Augenblicks hatte sie doch mitgerissen und selbst seine ärgsten Feinde hatten nicht zu protestieren gewagt.

23 Laudo! – *Ich lobe!* · Bene dictum! – *Gut gesagt!* · Macte! – *Heil dir!*
24 pater patriae – *Vater des Vaterlandes, Ehrentitel, vom Senat verliehen*

Während ich mich zum Ausgang drängelte, sah ich mich noch einmal um. Da stand er, der Vater des Vaterlandes, in Rot und Gold, ein breites Lächeln auf dem Gesicht. Ich dachte an das, was ich in den letzten Tagen erlauscht hatte. Werde nicht übermütig, Caesar, die Zahl deiner Feinde ist groß und sie sind dir näher, als du denkst!
Mein Herr hatte sicherlich noch in Caesars Diensten zu arbeiten, ich war also für den Rest des Vormittags frei – so frei, wie ein Sklave mit ein paar Kupfermünzen in der Tasche eben sein kann. Als ich in der nächsten Taverne hockte und nach meiner Barschaft kramte, ertastete ich das Schreibtäfelchen und zog es heraus. Es standen nur zwei Worte darauf: IDIBUS MARTIIS, an den Iden des März.
Na, das hatte ja wohl nichts weiter zu bedeuten. Ich stopfte das Täfelchen zurück in die Tasche und versuchte den Wein, den der Wirt mir brachte. Sauer wie Männerschweiß und trüb wie Tiberwasser. Aber besser als nichts.

Ein Mann will nach oben: Caesars Lebenslauf

Sie war äußerst blaublütig, die alte Patrizierfamilie, in die Gaius Julius Caesar im Jahr 100 v. Chr. hineingeboren wurde, aber weder besonders vermögend noch einflussreich. Der junge Gaius Julius sollte die Priesterlaufbahn einschlagen. Das war vornehm und man brauchte nicht so viel Geld wie für die Politik. Priester des Iuppiter *(flamen dialis)* hätte er werden sollen. Ein solcher Priester durfte sich nicht in die Politik einmischen und musste für sein ganzes Leben mit einer Frau zufrieden sein. Beides hätte Caesar niemals durchgehalten. So war es vielleicht ein Glück für ihn, dass er bei dem mächtigen Sulla in Ungnade fiel und aus Rom verschwinden musste. Er tat als Offizier in der Provinz Asia (Kleinasien) Dienst und kehrte erst nach Sullas Tod nach Rom zurück, wo er die Ämterlaufbahn einschlug.

Er schloss sich der Partei der Popularen an und gab, als er 65 zum Ädil gewählt worden war, Unsummen für öffentliche Spiele aus. Es gelang ihm, 63 zum *pontifex*

Gaius Julius Caesar (100–44 v. Chr.). Um 50–40 v. Chr.

maximus gewählt zu werden, zum obersten Priester. So war er doch noch Priester geworden, doch als *pontifex maximus* durfte er nach Herzenslust Politik betreiben und besaß großen Einfluss. Er brachte es bis zum Prätor (62) und wurde als Proprätor Verwalter einer spanischen Provinz, die er nach Kräften ausbeutete, um seine gewaltigen Schulden zu bezahlen.

Wieder zurück in Rom verbündete er sich mit dem mächtigen Pompeius und dem schwerreichen Crassus, um seinen eigenen Einfluss zu stärken. 59 wurde er zum Konsul gewählt. Nach seinem Amtsjahr unterwarf er in einem siebenjährigen Krieg Gallien, in etwa das heutige Frankreich.

Weil er dem Senat zu mächtig wurde, entzog man ihm den Oberbefehl in Gallien. Daraufhin marschierte er mit seinen Truppen nach Rom (49) und bedrohte die Stadt! Im folgenden Jahr besiegte er seinen früheren Verbündeten und jetzigen Hauptgegner Pompeius und wurde zum zweiten Mal zum Konsul gewählt. Seine Feinde zogen in römischen Provinzen Truppen gegen ihn zusammen. Schlachten in Nordafrika und Spanien folgten. Im Juli 46 kehrte Caesar im Triumph nach Rom zurück; der Senat machte ihn daraufhin zum Diktator auf zehn Jahre und überhäufte ihn mit vielen weiteren Ehrungen. Zum Erstaunen aller zeigte er sich gegenüber seinen Gegnern in Rom milde und großzügig. Im September 45 wurde er Diktator auf Lebenszeit, und damit war eingetreten, was seine Feinde befürchtet hatten: Caesar war Alleinherrscher in Rom.

Mode im alten Rom

Zur Zeit Caesars war das wichtigste Kleidungsstück des Römers die Tunika, ein Hemd, das bei den Frauen bis zu den Knöcheln, bei den Männern bis zu den Knien reichte und in der Taille gegürtet war. Vom Sklaven bis zum Konsul trugen alle dieses Hemd, je nach Jahreszeit aus dickerem oder dünnerem Stoff. Bei Senatoren war die Tunika mit einem breiten, bei Angehörigen des Ritterstandes mit einem dünnen Purpurstreifen verziert. An Stelle von Unterhosen gab es einen Lendenschurz, bei den Frauen noch eine Art BH, die *fascia pectoralis*.

Der „Ausgehanzug“ für Männer, die das römische Bürgerrecht besaßen, war die Toga, ein großes halbkreisförmiges Tuch aus dicker weißer Wolle, das umständlich und mit kunstvollem

Frau mit Tunika, hochgebundene Tunika eines Handwerkers, Tunika und Toga, *paenula*

Faltenwurf um den Körper drapiert wurde. Bei Beamten und – seltsamerweise – bei Jungen, die noch nicht zu den Männern gehörten, war die Toga mit einem breiten Purpurstreifen gesäumt. Eine elegantere, leichtere Form der Toga für Damen war die *stola*.

Bei schlechtem oder kaltem Wetter schützten sich die Römer mit der *paenula*, einem Poncho mit Kapuze, oder der *lacerna*, einem Umhang aus dickem Wollstoff, der mit einer Fibel, einer Kreuzung aus Brosche und Sicherheitsnadel, zusammengehalten wurde.

Strümpfe kannten die Römer nicht; bei großer Kälte wurden Füße und Beine mit Stoffstreifen umwickelt. Der übliche Schuh, *calceus*, war aus weichem Leder und reichte bis über die Knöchel; Sandalen waren nur zu Hause üblich. Bauern und Soldaten trugen meist die *caliga*, einen Stiefel, der aus dicker Sohle mit Eisennägeln und breiten Lederriemen bestand. Amtsträger und Senatoren schmückten sich gern mit purpurfarbenen Schuhen, die der modebewussten Frauen waren verschiedenfarbig und je nach Geldbeutel mit Perlen und Edelsteinen geschmückt.

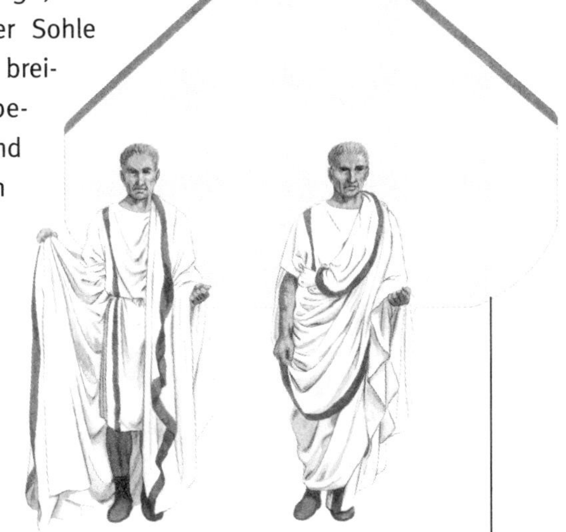

Schnitt und Anlegen einer Toga eines Magistrats mit Purpursaum *(toga praetexta)*

Der römische Kalender

Ursprünglich richtete sich der römische Kalender nach dem Mondjahr, das allerdings nur knapp 355 Tage dauerte und so gegenüber dem Sonnenjahr zu großen Verschiebungen führte, die mit allerlei Schalttagen ausgeglichen wurden. Erst Caesar bestimmte, dass das Sonnenjahr maßgeblich sein sollte: Die Monate hatten nun eine Länge von 30 bzw. 31 Tagen, außer dem Februar, der 28 Tage umfasste, an die alle vier Jahre ein Schalttag angefügt wurde. Damit war das Jahr genau 365,25 Tage lang, während das Sonnenjahr 365,2422 Tage dauert. In etwa 1.600 Jahren entstand daraus ein Kalenderrückstand von zehn Tagen, der mit der nächsten Kalenderreform beseitigt wurde, dem „Gregorianischen Kalender“ von 1582, der heute noch gilt.
Die Römer zählten ihre Jahre vom angeblichen Gründungsjahr der Stadt Rom (753) aus: Das Jahr 50 v. Chr. war also z. B. das 704. Jahr seit Gründung der Stadt.
Als Fixtage zur Berechnung eines bestimmten Tages dienten die Kalenden (immer der erste Tag des Monats), die Nonen (je nach Monat der 5. oder 7. Tag) und die Iden (je nach Monat der 13. oder der 15. Tag). Alle anderen Tage wurden vom folgenden Fixtag ausgehend rückwärts gezählt, wobei der Fixtag selbst mitzählte. So hieß z. B. der 26. April der 6. Tag vor den Kalenden des Mai (also 1. Mai, 30., 29., 28., 27. und 26. April). Der 11. Oktober war, da in diesem Monat die Iden auf den 15. fielen, der

Rechts: Römischer Steckkalender (Rekonstruktionszeichnung). Nach den Göttern oben Reihe sind die Wochentage benannt.

5. Tag vor den Iden des Oktober. Auf dem Wachstäfelchen, das Eusebios Gibber fand, war IDIBUS MARTIIS, genau der Fixtag der Iden, also der 15. März vermerkt.
In manchen (herrschaftlichen) Häusern schmückte ein Steckkalender die Wand. Viel beschäftigte Leute hatten zusätzlich einen Terminkalender. All diese Privatkalender richteten sich nach dem amtlichen Kalender aus Stein, der in der Stadt aufgestellt war. Auf ihm waren alle Tage eines Jahres verzeichnet und besonders gekennzeichnet, damit jeder wusste, ob es sich um Arbeitstage, an denen auch Recht gesprochen werden durfte, um Feiertage oder um Tage, an denen Volksversammlungen abgehalten werden konnten, handelte.

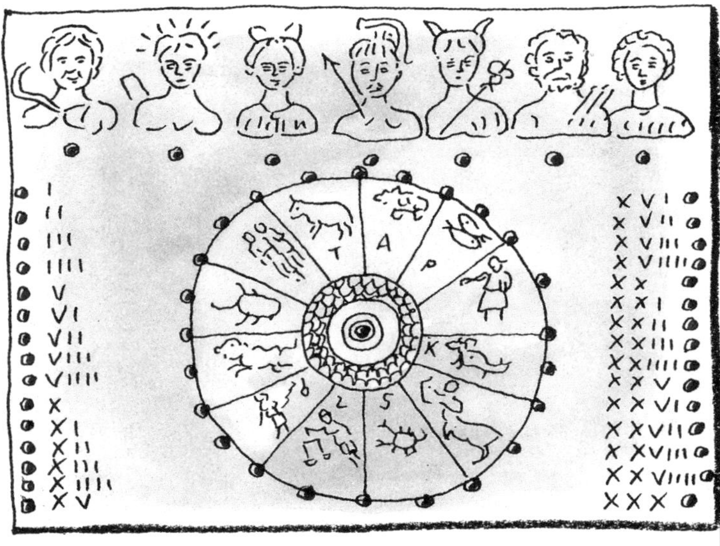

Die Tierkreiszeichen in der Mitte stehen symbolisch für die Monate; links und rechts Stecklöcher für die Tage; auf der Kreislinie Löcher für die Kalenden und Iden.

Diktator auf Lebenszeit

Als ich mittags nach Hause kam, war mein Herr noch nicht da. Weil er aber nach seiner üblichen Siesta ins Bad gehen würde und es zu meinen Pflichten gehörte, ihn dahin zu begleiten, suchte ich in seiner Schlafkammer schon einmal zusammen, was ich später mitnehmen musste: Handtücher, Öl, Salbe, *strigilis*. Draußen war es empfindlich kalt, deshalb öffnete ich eine der Kleidertruhen und holte eine warme *lacerna* heraus. Ich schüttelte sie kräftig, um sie vom Staub zu befreien. Dabei fiel etwas zu Boden. Ich bückte mich danach, da tönte ein Wutschrei hinter mir: „Was hast du da zu schnüffeln, Sklave? Warte, ich werde dich von deiner Neugier kurieren!" Gleich darauf traf mich ein heftiger Tritt in meinen verlängerten Rücken, der mich kopfüber in die Truhe beförderte. Hustend und niesend rappelte ich mich wieder hoch (es war wirklich sehr staubig darin) und hörte mir das Gewitter

von Beschimpfungen an, das über mir niederging.
Als Tertius Salvius sich ein wenig beruhigt hatte, sagte ich vorsichtig: „Verzeih, Herr, aber ich habe doch nur einen warmen Mantel ins Bad mitnehmen wollen, damit du nicht frierst."
Er knurrte etwas Unverständliches, worauf ich etwas mutiger wurde: „Bin ich nicht seit Jahren täglich mit deinen Kleidern beschäftigt? Kenne ich nicht den Inhalt all deiner Truhen? Warum vertraust du mir plötzlich nicht mehr?" 
Er antwortete nicht, sondern bückte sich, hob etwas vom Boden auf und verbarg es in seiner Tunika.
„Ach, was!", brummte er dann. „Du bist ein Grieche und alle Griechen sind wie die Elstern: neugierig und diebisch."
Was hätte ich darauf entgegnen sollen? Also schwieg ich und fragte mich, ob sein Ausbruch mit dem Gegenstand zu tun hatte, der aus dem Mantel gefallen war und den er so beiläufig aufgehoben hatte. Natürlich hatte ich längst gesehen, was es war: eine kleine Schreibtafel, auf der zwei Wörter standen: IDIBUS MARTIIS.

Doch was gab es Harmloseres als ein Täfelchen, in das ein Datum eingeritzt war?
Auf dem Weg ins Bad war Tertius Salvius wie verwandelt. Freundlich und liebenswürdig, so wie man sich bei seinem Sohn nach den Fortschritten in der Schule erkundigt, fragte er mich, was ich denn auf dem Forum alles erfahren hätte. Nicht dass mich seine Freundlichkeit beeindruckt hätte, von einem Atemzug zum anderen konnte sie wieder den übelsten Beschimpfungen Platz machen, aber ich gab ihm trotzdem genaue Auskunft. Die Stimmung des Volkes sei gemischt, erklärte ich, begeisterte Anhänger habe Caesar ebenso wie wütende Gegner. Dann erzählte ich ihm von der Senatorengruppe, die ich belauscht hatte.
„Die meisten von ihnen", sagte ich, „sind wohl keine ernst zu nehmenden Feinde – bloß mit dem Mundwerk mutig, und auch das nur, wenn sie unter sich sind. Aber einer, der könnte gefährlich sein. Ein Senator namens Longus Servilius ..."
„Longus Servilius Casca?", rief er bestürzt, „Unsinn! Longus Servilius ist einer der ergebensten und treuesten Freunde Caesars!"
„Sicher", entgegnete ich, „solange ihm Caesar nicht den Rücken kehrt."
„Nein, du irrst dich! Er würde sein Leben für Caesar geben!"
Ich zuckte nur die Achseln, denn weiterer Widerspruch würde seine gute Laune schlagartig beenden.
„Hast du", fragte Tertius Salvius nach einer Weile, „sonst

noch etwas gehört oder gesehen, was auf eine Verschwörung gegen Caesar hindeuten würde?“

Er war stehen geblieben und sah mich durchdringend an. Ich tat so, als ob ich angestrengt nachdächte. Natürlich war mir etwas aufgefallen, dass nämlich der Senator Longus Servilius Casca genau so ein Täfelchen verloren hatte wie das, das er vor mir hatte verbergen wollen.

„Nein, Herr“, versicherte ich. „Nichts.“ Ich weiß selbst nicht genau, was mich damals veranlasste zu schweigen, denn noch immer vermochte ich an diesen Wachstafeln nichts Bedeutungsvolles zu erkennen. Doch im Zweifelsfall ist es für einen Sklaven immer besser, nichts zu wissen oder so zu tun, als ob er nichts wüsste. Heute bin ich sicher, dass mir meine Verschwiegenheit das Leben rettete ...

Tertius Salvius schien mit meiner Auskunft zufrieden zu sein, denn er nickte und nahm seinen Weg wieder auf.

„Du weißt hoffentlich“, sagte er nach einer Weile, „dass alles, was du in meinem Auftrag herausfindest oder was du während der Arbeit bei mir erfährst, strengster Geheimhaltung unterliegt? Dass du also, bei Vulcanus[25], dem Schweigsamen, keinem Menschen etwas über die angeblich geplante Verschwörung mitteilen darfst? Wenn so ein Gerücht die Runde macht, fragt am Ende kein Mensch mehr danach, ob es sich nur um das Hirngespinst eines lausigen griechischen Sklaven handelt – eine Staatskrise könnte daraus entstehen!“

Ich schluckte den ‚lausigen griechischen Sklaven‘ hinunter

25 **Vulcanus** – *Gott des Feuers und der Schmiedekunst*

und entgegnete: „Es ist ja nur, falls – ich sage, falls! – Caesar wirklich Gefahr droht ..."
Einen Augenblick lang schien er wütend werden zu wollen, doch gleich darauf entgegnete er freundlich: „Wenn du wirklich so besorgt bist, schön, dann werde ich ihm von deinem Verdacht berichten. Aber ich sage dir: Er wird mich auslachen!"
Inzwischen hatten wir das Bad erreicht. „Gut, dass du mir den Mantel mitgenommen hast, Eusebios. Es ist wirklich kalt", sagte Tertius Salvius.
Ich war sprachlos. Ich hatte tatsächlich etwas richtig gemacht? Unglaublich! Aber es sollte noch besser kommen. „Übermorgen wird wieder eine Senatsversammlung stattfinden, und zwar in Anwesenheit Caesars. Ich bin beauftragt das Wichtigste zu protokollieren. Du wirst mir dabei helfen!"
Ich konnte mein Glück kaum fassen. Ich würde Caesar aus unmittelbarer Nähe erleben, ich würde dabei sein, wenn er seine Entscheidungen traf!
„Aber wie gesagt", Tertius Salvius' Stimme klang schroff, „absolute Geheimhaltung! Solltest du irgendetwas Vertrauliches weitererzählen, prügle ich dir deinen Buckel platt!"
Jetzt kannte ich ihn wenigstens wieder, meinen Herrn! Mit einem unterdrückten Seufzer folgte ich ihm in das Bad.

Lange bevor die Senatsversammlung beginnen sollte, waren wir schon in der Curia: dutzende Mitglieder der Kanzlei

Caesars, Bürger, Freigelassene und Sklaven. Auf dem Podium hatten wir alles vorbereitet: Hocker und niedrige Tischchen für die Schreiber, von denen ich einer sein sollte, *polypticha*[26] und Griffel – denn alles wurde zunächst auf Wachstafeln protokolliert, bevor es auf Papyrusblättern ins Reine geschrieben wurde – dazu Gläser und Karaffen mit Wasser. Auch der vergoldete Stuhl, den Caesar für sich in Anspruch nahm, stand bereit.

Caesar tat, was alle wirklich bedeutenden Leute tun: Er ließ die anderen warten. Der Versammlungssaal war gestopft voll. Obwohl er nicht geheizt war und draußen ein empfindlich kalter Februarwind blies, war die Luft stickig und warm. Die Männer in ihren weißen Togen, unter deren Brustfaltung der rote Streifen der Senatorentunika leuchtete, unterhielten sich gedämpft, blickten immer wieder erwartungsvoll nach dem Eingang.

26 polypticha – *„Buch" aus mehreren Wachstafeln zusammengebunden*

Endlich wurden Schritte hörbar, lautes Lachen, unbefangenes Geplauder, dann betraten drei Männer den Saal. Der eine, strahlend, mit Lockenkopf, stiernackig und breitschultrig, war Marcus Antonius, Mitkonsul und Freund Caesars. Der andere, in blütenweißer, penibel gefalteter Toga, die Stirn gerunzelt, einen leicht grämlichen Ausdruck im Gesicht, war Marcus Tullius Cicero, Prokonsul und berühmtester Anwalt Roms, von dem man sagte, dass er sich mit Caesar privat gut verstand, aber seine Politik zutiefst verabscheute.

Der dritte schließlich war Caesar selbst, wieder ganz in Purpur gekleidet, den goldenen Kranz um die Stirn gewunden. Doch es war nicht nur die Kleidung, die jeden sofort erkennen ließ, dass er es war, der über Rom herrschte. Vielleicht war es das liebenswürdige, aber immer auch etwas spöttische und herablassende Lächeln, vielleicht war es die Härte und Entschlossenheit, die er ausstrahlte. Als er jedenfalls die Arme hob und sein „*Salvete, patres conscripti venerabiles!*“[27] zu den Sitzreihen hinaufrief, brandete Beifall auf und Jubelrufe ertönten: „*Pater patriae! Imperator!*“

27 patres conscripti venerabiles – *versammelte ehrwürdige Senatoren*

Caesar aber hatte sich schon wieder abgewandt, eine grobe Unhöflichkeit, und unterhielt sich mit Cicero. Er ließ sich auf seinem goldenen Stuhl nieder; Cicero beugte sich zu ihm und sprach auf ihn ein, ich konnte deutlich hören, was er sagte.

„Ich beschwöre dich, Gaius Julius, du musst alles neu aufbauen, was durch den Bürgerkrieg zerstört worden ist: Die Gerichte müssen wiederhergestellt, die Staatsfinanzen wieder der Kontrolle des Senats unterworfen werden, das Chaos, das auf den Straßen herrscht, die Gewalt und die Willkür müssen durch strenge Gesetze unterbunden werden, kurzum, Gaius Julius, bei allen Göttern, die Republik ..."

Caesar unterbrach ihn mit einem Lächeln und einer lässigen Handbewegung. „Du willst, dass ich die Republik wieder errichte, jetzt, wo ich die Verhältnisse halbwegs stabilisiert habe! Aber ich sage dir, wenn ich mich zurückziehe oder wenn mir etwas zustößt, dann wird der Bürgerkrieg erneut ausbrechen. Die Republik, von der du so schwärmerisch redest, ist nichts als ein schönes Wort. Sulla war ein politischer Analphabet, dass er das nicht erkannt, sondern die Diktatur niedergelegt hat!"

Caesar hatte sich in Feuer geredet; als Cicero noch etwas entgegnen wollte, hob er gebieterisch die Hand, seine Stirn furchte sich, die Augen wurden schmal. Betreten senkte der andere den Blick und schwieg – er, der scharfzüngigste und furchtloseste Redner Roms.

Der Diktator lächelte schon wieder, dieses ein wenig spöttische, ein wenig überhebliche, aber ungemein liebenswürdige Lächeln, das die Leute so für ihn einnahm. „Lass nur, alter Freund, wir werden, was die Geschicke des Staates betrifft, nie einer Meinung sein. Aber meine Meinung ist es, auf die es ankommt."

Er wandte sich an meinen Herrn. „Gib mir die Liste, Tertius Salvius!"

Tertius Salvius reichte ihm eine Papyrusrolle. Caesar begann vorzutragen: „Im Namen des Senats und des Volks von Rom ergeht folgender Beschluss: Die Staatskasse wird durch die hohe Zahl der Getreideempfänger enorm belastet. Um diese Belastung zu mindern, wird in Südgallien an 40.000 Bürger und Freigelassene Land verteilt, damit sie als Bauern für ihren Unterhalt sorgen können. Im Namen des Senats und des Volks von Rom ergeht ferner folgender Beschluss ..."

Das war eine Ungeheuerlichkeit! Er verkündete Gesetze so, als ob sie vom Senat und der Volksversammlung beschlossen worden seien, dabei hatte er, er ganz allein sie verfügt, selbstherrlich wie ein König!

Marcus Antonius schien nichts dabei zu finden; er nickte immer wieder wohlgefällig, als ob er als Mitkonsul allen Beschlüssen zustimmte. Cicero, die Lippen fest zusammengepresst, die Hände in die Falten seiner Toga verkrallt, starrte ins Leere.

Ich musterte die Reihen der Senatoren. Viele Gesichter trugen einen wütenden oder fassungslosen Ausdruck, aber das des Longus Servilius Casca war so von unversöhnlichem Hass verzerrt, dass ich erschrak.
Als Caesar alle seine Gesetze „im Namen des Senats und des Volks von Rom“ verlesen hatte, begann eine Gruppe von Senatoren zu applaudieren. Der Beifall pflanzte sich fort, da freiwillig und enthusiastisch, dort zögernd und gezwungen. Longus Servilius klatschte voller Begeisterung. *Cave adulatorem!*[28]
Als der Beifall abgeebbt war, verließ eine Anzahl Senatoren ihre Plätze, formierte sich zur feierlichen Prozession und kam auf das Podium zu. Einer trat vor.
„Erhabener Caesar, Imperator, Vater des Vaterlandes“, rief er mit weit hallender Stimme in den Saal und machte eine feierliche Pause, um dann fortzufahren: „Deine Verdienste um den Staat sind so groß, dass kaum einer sie ermessen und niemand sie erreichen, geschweige denn übertreffen könnte. Die Zahl deiner Siege macht dich zum größten Feldherrn in der an Siegen reichen Geschichte unseres Vaterlandes. Du bist es, der unsere Feinde im Zaum hält und unter dessen sicherer Lenkung unser Gemeinwesen in schweren Zeiten gedeihen kann. Der Senat bittet dich daher die Würde eines Diktators auf Lebenszeit anzunehmen.“
Erwartungsvoll lächelnd blickte er auf das Podium. Sein Lächeln gefror: Caesar hatte sich nicht erhoben! Eine Dele-

28 Cave adulatorem! – *Hüte dich vor dem Schmeichler!*

gation des Senats, der ehrwürdigsten Einrichtung des römischen Staates, kam, um ihm ein so außergewöhnliches, ja, einmaliges Angebot zu machen, und Caesar blieb sitzen!

Die Senatoren auf ihren Plätzen wurden unruhig. Aus den hinteren Reihen wurden gedämpfte Zwischenrufe laut, die Delegierten vor dem Podium scharrten verlegen mit den Füßen. Wollte Caesar sie noch mehr beleidigen, indem er ihnen nicht einmal eine Antwort gab?

Der Sprecher, dessen Gesicht vor unterdrücktem Zorn rot angelaufen war, öffnete den Mund, um etwas zu sagen, doch Caesar kam ihm zuvor.

„Ehrwürdige Väter", sagte er liebenswürdig, doch immer noch, ohne aufzustehen, „ich weiß die Ehre zu schätzen, die mir von den edelsten und vorzüglichsten Männern Roms mit diesem Angebot erwiesen wird. Ich nehme es dankend an."

Er winkte freundlich und wandte seine Aufmerksamkeit einer Papyrusrolle zu, die ihm jemand reichte. Die Männer machten kehrt, gingen aber nicht zu ihren Plätzen zurück, sondern verließen die Curia. Die anderen Senatoren machten es ihnen nach. Tuschelnd, kopfschüttelnd und in ungewohnter Hast drängten sie hinaus.
Caesar grinste und wandte sich an Cicero. „Na? Was sagst du dazu?"
Doch Cicero zischte nur: „Du treibst es zu weit!", und eilte davon.
„Er hasst mich. Sie alle hassen mich!", sagte Caesar und für einen Augenblick wich das Lächeln.
„Sei vorsichtig, Gaius Julius", entgegnete Marcus Antonius, der immer noch neben ihm stand, groß und breit, als ob er die ganze Leibwache ersetzen wollte, „sei vorsichtig. Ja, viele hassen dich und du solltest sie nicht unterschätzen."
Doch Caesar lächelte schon wieder. „Sie hassen mich und wollen mich doch zum Diktator auf Lebenszeit machen. Warum sollte ich mich vor ihnen fürchten?"
Marcus Antonius schüttelte den Kopf. „Ein Dolchstoß ist schnell geführt."
„Ach, was! Wenn sie Frieden wollen, dann brauchen sie Caesar." Der Diktator erhob sich. Als er die Tribüne verlassen wollte, fiel sein Blick auf mich. Aus einer Laune heraus blieb er bei meinem Tischchen stehen. „Und du?", fragte er. „Würdest *du* gern Caesar erstechen?"

Ich bin ein Mann voller Temperament, dazu kam die Überraschung, von diesem bedeutenden Mann überhaupt bemerkt worden zu sein. Ich antwortete also, ohne lange zu überlegen:

„Erhabener Imperator, ich bin Grieche. Für mich sind alle Römer gleich – und so viele, wie es von ihnen gibt, kann ich beim besten Willen nicht erstechen. Also hat keiner etwas von mir zu befürchten, auch du nicht."

„Unverschämter Sklavenbastard!" Tertius Salvius Stolidus stürzte mit erhobener Hand auf mich zu.

„Lass ihn in Ruh!" Caesars scharfe Stimme hielt ihn zurück. Er tätschelte mir den Kopf und lachte. „Deine Schlagfertigkeit ist so groß wie dein Buckel. Wer weiß, vielleicht steckt ein zweiter Aesop[29] in dir!“

Er hielt mir ein Geldstück hin. „Damit Caesar weiterhin auf dein Wohlwollen rechnen kann.“

Er legte Antonius eine Hand auf die Schulter. „Komm, lass uns gehen, mein Freund!“ Langsam schritten die beiden davon.

Ich schaute auf das Geldstück in meiner Hand. Es war ein Silberdenar, für einen wie mich ein kleines Vermögen. Caesars Bild war darauf geprägt und sein Name und ... ich stutzte, nein, das war nicht möglich! Aber doch, da stand es, in klaren, großen Buchstaben: *DICTATOR PERPETUUS*.[30] Diktator auf Lebenszeit. Er hatte es gewusst oder, besser gesagt, er hatte es längst geplant. Hätte der Senat ihm die Würde nicht angetragen, hätte er sich selbst zum Diktator auf Lebenszeit ausgerufen. Die Senatoren waren für ihn nichts anderes als Figuren auf einem Brettspiel, die er nach Belieben hin- und herschob.

Nicht alle würden sich noch lange so schieben lassen, da war ich mir sicher.

29 Aesop – *berühmter griechischer Fabeldichter, der um die Mitte des 6. Jh. v. Chr. gelebt haben und ein buckliger Sklave gewesen sein soll*

30 dictator perpetuus – *Alleinherrscher auf Lebenszeit*

Die Diktatur in Rom: totale Macht für kurze Zeit

In Rom war es ungeschriebenes Gesetz, dass jeder staatliche Posten mit mehreren Personen besetzt sein musste, die einander kontrollieren konnten. Eine Ausnahme gab es jedoch: In besonderen Notzeiten, wenn Rom beispielsweise höchste Gefahr von einem äußeren Feind drohte, konnte ein Konsul auf Vorschlag des Senats einen „Diktator" („einer, der Vorschriften macht") ernennen. Dieser Diktator besaß unbeschränkte Vollmachten. Diese Macht durfte er jedoch nur so lange ausüben, bis die Gefahr für Rom vorbei war, längstens ein halbes Jahr. Man fürchtete, eine längere Amtszeit könnte dazu führen, dass der Diktator auf den Geschmack käme und seine Befugnisse nicht mehr würde aufgeben wollen.

So misstrauisch waren die Römer gegenüber der Herrschaft eines einzelnen Mannes, dass im Jahr 202 v. Chr. für lange Zeit zum letzten Mal ein Diktator ernannt wurde.

Im Jahr 82 v. Chr. jedoch kam es zu einer dramatischen Veränderung: Durch den langen Bürgerkrieg und die blutigen Kämpfe zwischen Popularen und Optimaten

Lucius Cornelius Sulla (138–78 v. Chr.). Um 50 v. Chr.

herrschte Chaos in Rom – es gab keine öffentliche Ordnung mehr, Gesetze wurden nicht beachtet, auf den Straßen war man seines Lebens nicht sicher. In dieser Situation setzte es der Optimate Sulla (138–78 v. Chr.) durch, dass er zum Diktator ernannt wurde. Aber im Unterschied zu früher war seine Macht nicht zeitlich begrenzt. Sie diente auch nicht mehr als Mittel gegen einen äußeren Feind, sondern sollte in Rom selbst die Ordnung wieder herstellen. Diese Diktatur war damit auch gegen Römer gerichtet, gegen alle, die sich dem Diktator nicht unterwerfen wollten. Auf diese Weise trug sie noch zur Spaltung des Senats und des Volkes bei. Sulla sah das wahrscheinlich ein; deshalb legte er nach drei Jahren die Diktatur nieder.
Männer wie Caesar und Pompeius hatten andere Pläne: Sie strebten beide die Alleinherrschaft auf Dauer an.
Als Caesar Pompeius besiegt hatte, dachte er daher nicht daran, seine Befugnisse als Diktator wieder aufzugeben.

Marcus Tullius Cicero: Politiker, Anwalt, Schriftsteller

Cicero wurde 106 v. Chr. in der kleinen Stadt Arpinum südlich von Rom geboren. Er eignete sich eine umfassende Bildung an und wurde ein so hervorragender und angesehener Anwalt, dass er, obwohl er nur dem Ritterstand angehörte, immer wieder zum Magistrat gewählt wurde und es bis zum Konsul brachte (63). Weil er die Brachialgewalt, mit der Pompeius seine Herrschaft in Rom durchzusetzen versuchte, ablehnte, war er in Rom seines Lebens nicht mehr sicher; er musste 58 für ein Jahr nach Griechenland ins Exil gehen.

Als er zurückgekehrt war, ließ er sich von Caesar, den er eigentlich gern mochte, für dessen Zwecke einspannen. Damals waren Caesar und Pompeius noch Verbündete, Cicero musste daher im Senat immer wieder für sie sprechen. Das war ihm bald höchst zuwider.

Marcus Tullius Cicero (106–43 v. Chr.)

Ein großer Politiker war Cicero nicht, dafür war er nicht rücksichtslos und brutal genug. Auch ließ er sich, weil er ziemlich eitel war, immer wieder von anderen einwickeln. Aber er war einer der bedeutendsten Denker der römischen Geschichte; er hat Werke hinterlassen, die zur Weltliteratur zählen und in der reinsten und elegantesten lateinischen Prosa geschrieben sind, die wir kennen, z. B. über den besten Staat *(De re publica)*, über die Kunst des Redners *(De oratore)* oder über die Gesetze *(De legibus)*. Im Jahr 51 wurde er als Prokonsul Statthalter in Kilikien (in Kleinasien) und zeichnete sich dadurch aus, dass er die Provinz nicht, wie sonst üblich, zur Mehrung seines Vermögens ausbeutete.

Als er zurückkehrte, war der Kampf zwischen Caesar und Pompeius voll ausgebrochen. Cicero bezog Stellung gegen Caesar, den er für gefährlicher hielt, doch der begnadigte ihn, nachdem er endgültig gesiegt hatte.

Cicero war zwar nie aktiv an einer Verschwörung gegen Caesar beteiligt, jubelte aber trotzdem über dessen Tod, weil er hoffte, dass damit die Republik noch einmal eine Chance hätte. Er täuschte sich gewaltig.

Im Verlauf der Kämpfe um Caesars Nachfolge ließ ihn Marcus Antonius im Jahr 43 ermorden.

Marcus Antonius: Ein Freund Caesars scheitert auf dem Weg zur Macht

Marcus Antonius, geboren um 82 v. Chr., machte zunächst als Offizier Karriere und unterstützte dann Caesar als Berater in Gallien. Als Volkstribun vertrat er im Senat so energisch die Interessen Caesars, dass der Diktator ihn im Jahr 48 v. Chr. zu seinem Stellvertreter machte und 44 seine Wahl zum Konsul durchsetzte.

Nach dem Tod Caesars gelang es ihm, dessen Papiere und den Staatsschatz an sich zu bringen; durch geschicktes Taktieren erreichte er, dass alle von Caesar geplanten Verfügungen und Gesetze noch Gültigkeit erhielten. Er und seine Soldaten besiegten die Caesarmörder in der Schlacht bei Philippi (42). Dem Senat wollte er sich genauso wenig fügen wie einst Caesar; nach einem anfänglichen Bündnis verfeindete er sich mit dem Mann, der mit allen Mitteln das Erbe Caesars antreten wollte: mit Caesars Adoptivsohn Octavian (63 v. Chr.–14 n. Chr).

Marcus Antonius (um 82–30 v. Chr.)

Er verließ deshalb Rom, um sich im Osten des Reichs, in Ägypten, ein neues Machtzentrum aufzubauen. Die ägyptische Königin Kleopatra, die schon mit Caesar ein Verhältnis gehabt hatte, wurde seine Geliebte.
Schließlich wurde die Feindschaft zwischen der Partei Octavians und Antonius' so groß, dass es im Jahr 32 zu einer Seeschlacht (bei Actium im Nordwesten Griechenlands) kam, die Antonius und seine ägyptischen Gefolgsleute verloren. Daraufhin beging er zusammen mit Kleopatra Selbstmord (30). Antonius war wohl ein tapferer, körperlich sehr kräftiger, dabei auch intelligenter und manchmal auch rücksichtsloser Mann, der aber dem raffinierten Octavian nicht gewachsen war.

König Caesar?

Lang hielt meine Nachdenklichkeit allerdings nicht an, denn die Aussicht auf den morgigen Tag versetzte mich in beste Laune. Bei Faunus[31], dem Behaarten, in Hispania versteht man zu feiern, aber gegen die Festlichkeiten in Rom sind die Feiern hier wie Nüsse werfen und Blindekuh spielen. Das schönste aller Feste waren natürlich die Saturnalien! Da floss der Wein in Strömen, da gab es köstliches Essen und selbst der schlimmste Herr, der ärgste Sklavenschinder musste sich an diesem Tag von seinen Sklaven die Wahrheit sagen lassen, sie durften ihn tadeln und verhöhnen nach Herzenslust! Mein widerwärtiger Herr Tertius Salvius Stolidus musste still dasitzen, zusehen, wie ich seinen besten Falerner[32] trank, und sich anhören, was ich ihm mit all meiner griechischen Beredsamkeit entgegenschleuderte. Die doppelte Portion Prügel, die ich in den folgenden Tagen bekam, war angesichts dieser Freuden leicht zu ertragen.

Leider waren die letzten Saturnalien gerade erst zwei Monate her, aber das Fest, das am nächsten Tag bevorstand, war auch nicht schlecht: die Luperkalien, das Fest der Hirten, das zu Ehren des Gottes Faun gefeiert wurde. Alle Sklaven hatten an diesem Tag frei und ein paar reiche Magistrate sorgten gewöhnlich für Essen und Trinken. In diesem Jahr, so lautete das Gerücht, würde der Diktator selbst an den Feier-

31 Faun – *Wald-, Feld- und Hirtengott*
32 Falerner – *edler Wein aus Kampanien, südlich von Rom*

lichkeiten teilnehmen. Bei allem, was man vielleicht gegen Caesar sagen konnte: Er war unglaublich großzügig. Wenn er den Römern die Ehre seiner Anwesenheit erwies, würde es Wein und Speisen im Überfluss geben.

So war ich am 15. Tag vor den Kalenden des März mit dem ersten Hahnenschrei auf den Beinen und eilte zum Fuß des Palatin. Dort befand sich die Grotte, die dem Faun geweiht war – das Zentrum des Festes. Auf dem Weg kam ich an zahllosen Ständen vorbei, über den Straßen und Gassen hingen schon der Duft gebratenen Fleisches und der säuerliche Geruch jungen Weins.

Es drängte sich bereits eine beträchtliche Menschenmenge an den Absperrungen, die vor dem Grotteneingang eine lange, breite Gasse freihielten. Im Lauf der nächsten Stunden würde sie sich verzehnfachen. Ich schob und wand mich durch die Zuschauer hindurch. Schließlich fand ich ziemlich weit vorne an der Absperrung einen Platz.

Nun hieß es warten. Die Februarkälte kroch uns in die Glieder. Die fliegenden Händler, die mit Tabletts umhergingen, auf denen Becher mit erhitztem Würzwein standen, machten gute Geschäfte.

Endlich ertönte aus der Ferne eine Fanfare und wir reckten erwartungsvoll die Hälse, um nichts zu verpassen.

Ein langer Zug näherte sich in feierlich gemessenem Tempo. Vorneweg einige ruppige, muskelbepackte Gestalten, die jeden, der nicht schnell genug beiseite sprang, ohne viel Federlesens aus dem Weg beförderten. Ihnen folgten in Zweierreihen, steif und mit ausdruckslosen Gesichtern, Liktoren, die *fasces*, die Rutenbündel mit dem Beil darin, über der linken Schulter. Zwei Dutzend zählte ich, damit war klar, wer uns hier die Ehre erwies: der Diktator Gaius Julius Caesar, denn nur ihm stand eine solche Zahl zu. Da kam er auch schon, dem feierlichen Anlass entsprechend nicht in einer Sänfte, sondern zu Fuß, begleitet von einigen Senatoren. Im Gehen wandte er sich nach allen Seiten, grüßte mit erhobenem Arm und lächelte ununterbrochen.

Die Menge war zuerst seltsam unentschlossen; hie und da gab es vereinzelte Jubelrufe, auch ein paar Verwünschungen. Dann kam ein Windstoß, der eine Welle von Wohlgerüchen aus den brodelnden Garküchen herüberwehte, und es war, als ob den Leuten bewusst wurde, dass sie sich von dem Mann im purpurnen Gewand ein Festmahl erhofften. Aus den einzelnen Jubelrufen wurden mehrere, viele, schließlich ein ganzer Chor, der im Gleich-

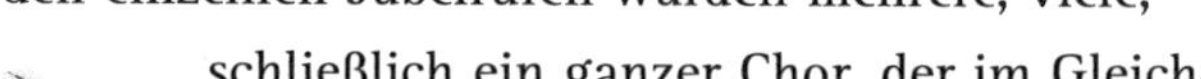

klang immer wieder sein „*Ave, Caesar, pater patriae*“ hervordröhnte, bis der Diktator rechts vom Grotteneingang auf dem bereitgestellten goldenen Stuhl Platz genommen und dann ein Zeichen gegeben hatte.

Vollkommen still wurde es. Zwei junge Männer kamen aus dem Inneren der Grotte, mit nichts als einem zottigen Ziegenfellschurz bekleidet, wie die Hirten, die in den Anfängen der Stadt die Herden auf die Weide geführt hatten. Das waren Priester im Dienst des Faunus. Der eine zerrte einen Schafbock, der andere einen Hund an einem Strick hinter sich her. Nicht weit vom Sitz des Diktators entfernt blieben sie stehen. Dann ging alles sehr schnell. Ein dritter Mann kam aus der Grotte. Er schwang ein schweres Messer, sprang auf die Tiere zu und schnitt ihnen die Kehle durch. Mit dem blutigen Messer berührte er die Stirn der beiden Priester, gleich darauf eilte ein weiterer Mann herbei, goss aus einer Schale Milch über die blutigen Stirnen und wischte sie anschließend mit einem Wollbüschel sauber.

Dann begannen die Priester einen seltsamen Tanz. Sie sprangen in die Höhe, zogen die Beine an, drehten sich, warfen die Arme hoch, schlugen sich auf die Schenkel und lachten dabei, erst leise, dann immer lauter, bis sie schließlich brüllten und wieherten und ihre Stimmen sich überschlugen.

Gebannt sah die Menge zu.

Die beiden anderen Männer hatten inzwischen Streifen aus dem Fell des Bocks geschnitten. Jeder der Priester nahm ein

paar davon in die Hände, dann liefen sie los, durch die Reihen der Zuschauer. Immer wenn sie eine junge Frau sahen, schlugen sie mit den blutigen Striemen nach ihr. Das sollte sie fruchtbar machen und ihr gesunde Kinder bescheren.
Als die Priester die lebende Gasse durchlaufen hatten, bogen sie ab, bis sie den Blicken entschwunden waren.
Die Menge wartete geduldig, bis sie aus der anderen Richtung zurückkehrten – sie hatten den Palatin umrundet. Wieder schlugen sie nach den jungen Frauen und alle winkten, lachten und jubelten ihnen zu, bis sie in der Grotte verschwunden waren.
Jetzt hätte eigentlich ein Zeichen kommen sollen, der Ausruf irgendeines Beauftragten, der erhabene Imperator Caesar, *dictator perpetuus*, beehre sich das Volk von Rom zu einem Imbiss einzuladen, an allen Ständen seien Speisen und Wein umsonst zu haben. Nicht zuletzt deswegen hatte sich die Menge der Zuschauer hier versammelt.
Stattdessen ertönte nochmals eine Fanfare. Wieder näherte sich in feierlichem Gleichmarsch eine Truppe von

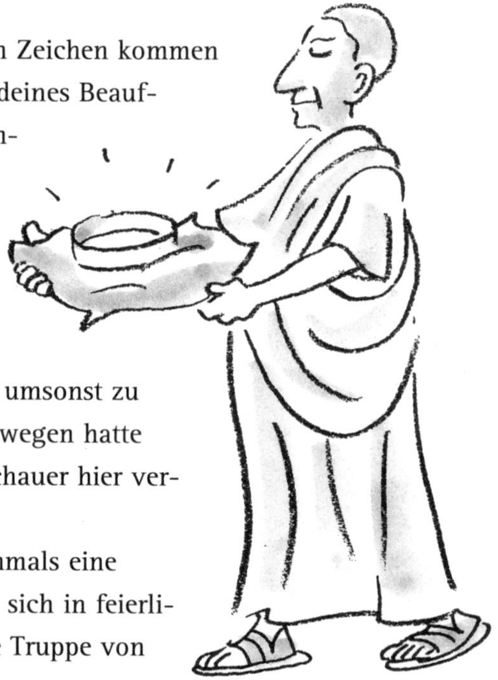

Liktoren. Zwölf waren es diesmal, die einem Konsul zustehende Anzahl. Hinter ihnen schritt, in eine strahlend weiße Toga gehüllt, mit feierlich ernstem Gesicht, Marcus Antonius. Er trug ein Kissen in den Händen, darauf lag etwas, das in der Morgensonne funkelte und glitzerte.
Langsam näherte sich die Prozession, die Menge sah schweigend und gespannt zu, dann wurden vereinzelte Rufe laut:
„Ein Diadem, ein Diadem! Das Zeichen der Könige!"
Es war wirklich ein Diadem, ein breites blau-weißes Band, mit zahlreichen Edelsteinen geschmückt, wie es manche Könige der von Rom unterworfenen Völker trugen.
Die Spannung der Menschenmenge war fast greifbar. Jeder wusste, dass Caesar so gut wie unbeschränkt über Rom herrschte und dass er gestern zum Diktator auf Lebenszeit ausgerufen worden war. Das bedeutete zwar eine gewaltige Veränderung, aber immerhin war es noch vorstellbar, die Verhältnisse waren schließlich unsicher genug, vielleicht brächte eine starke Hand auf Dauer sogar eine Verbesserung. Aber das, was sich da jetzt anbahnte, das war so unglaublich, so abwegig, dass es einfach nicht wahr sein konnte! Und doch geschah es. Antonius trat vor den Diktator hin und hob grüßend den rechten Arm.
„Heil dir, göttlicher Caesar", rief er mit weithin schallender Stimme, „Imperator, Lenker des Staates, Vater des Vaterlandes! Von Sieg zu Sieg hast du das römische Volk geführt, unseren Ruhm einzigartig werden lassen. Den Fluch des

Bürgerkriegs hast du von uns genommen, die innere Ordnung gefestigt und unseren Wohlstand vermehrt. Viele Ehrungen hast du für deine ruhmreichen Taten empfangen. Ist es da nicht folgerichtig, wenn du, dessen Taten die Geschichte des römischen Staates wie ein Diadem krönen, dein Haupt mit dem königlichen Diadem krönst? Sei du, so wie Rom das Haupt der Welt ist, das Haupt Roms, sei du unser König, sei du [33] *REX ROMANORUM!*"

Es war gefallen, das Wort, das man niemals gebrauchen durfte, wenn es um Macht und Politik ging, niemals, seitdem die Römer vor fast einem halben Jahrtausend den grausamen Tyrannen vertrieben hatten, der als letzter diesen Titel getragen hatte: *REX ROMANORUM.*

Atemlos wartete die Menge. Ein Windstoß fuhr durch die Zweige einer Pinie neben der Grotte und ließ die Nadeln leise knistern. Sonst war nichts zu hören.

Ich sah, wie Caesar den Kopf kaum merklich hin- und herdrehte und unter den halb geschlossenen Lidern die Menge beobachtete. Hoffte er auf jubelnden Beifall? Fürchtete er einen Ausbruch heftiger, unbeherrschbarer Wut? Augenblick über Augenblick verging, weder das eine noch das andere trat ein. Die Menge schwieg, starrte, wartete ab.

Caesar erhob sich. Sein hageres Gesicht trug den Ausdruck leiser Belustigung.

„Mein Name ist Caesar, nicht *rex!*", rief er.

Vereinzelte Lacher waren zu hören, die Spannung löste sich.

33 rex – *König*

Die Miene des Diktators wurde ernst und feierlich, als er fortfuhr: „Nein, Caesar will nicht König sein. Caesar will nicht den Titel derer führen, die Rom unterdrückt und geknechtet haben. Kein anderer soll in Rom König sein dürfen als Iuppiter, der König der Götter! Caesar aber bleibt Caesar, das ist genug!“

Zustimmung, Applaus, Hochrufe waren zu hören, er hatte die Menge gewonnen. Nach einer Weile hob er den Arm, wartete, bis Ruhe eingekehrt war, und verkündete, nun wieder lächelnd: „Feiert die Luperkalien, Bürger Roms! An den Ständen gibt es Essen und Wein für euch. Seid alle Caesars Gäste!“

Wer den immer hungrigen römischen Plebejern Speise und Trank spendiert, der kann mit begeistertem Beifall rechnen. So war es auch diesmal; und wenn in diesen Stunden jemand Hand an Caesar gelegt hätte – die Menge hätte ihn in Stücke gerissen.

Nie wieder einen König!

Das frühe Rom wurde von einem König *(rex)* aus dem Stamm der Etrusker regiert. Bei offiziellen Anlässen trug er einen goldenen Kranz und ein Purpurgewand; Amtsdiener *(lictores)* begleiteten ihn, die Rutenbündel *(fasces)* trugen, in deren Mitte sich ein Beil befand.

Das Königsamt war nicht erblich; nach dem Tod des Königs wurde ein Übergangskönig *(interrex)* bestimmt, bis ein neuer gefunden worden war: Dies geschah durch religiöse Riten wie z. B. die Vogelschau.

Uneingeschränkt war die Macht des Königs nicht, denn innerhalb der Sippen *(gentes)* besaß das Familienoberhaupt *(pater familias)* weit reichende Befugnisse. Außerdem bildete sich eine wohlhabende Oberschicht heraus (die späteren Patrizier), deren Oberhäupter das Land im Familienbesitz verwalteten und an Abhängige *(clientes)* weitergaben. Die Patrizier bildeten auch den Senat, der den König beriet. Dieses Regierungssystem funktionier-

Liktor

te, bis aus dem italischen Bergland immer mehr Sippen nach Latium einwanderten, die sich gewaltsam Landbesitz sichern wollten; schlimmer noch waren die Kelten aus dem Norden. Wahrscheinlich wurde der letzte Stadtkönig abgesetzt, weil er nicht fähig war dieser Bedrohung etwas entgegenzusetzen. Die führenden Familien waren der Ansicht, dass man in schwierigen Zeiten die Verantwortung besser auf mehrere verteilte. Auch wurde festgelegt, dass alle wichtigen Ämter jedes Jahr neu besetzt werden sollten.
Übrig blieb aus der Zeit der etruskischen Könige nur wenig: Wenn die Amtszeit der alten Konsuln vorüber war, führte für wenige Tage ein *interrex* die Staatsgeschäfte. Die höchsten Beamten wurden von Liktoren begleitet; wer nach einem großen Sieg vom Senat einen Triumphzug bewilligt bekam, durfte an diesem Tag das Purpurgewand und den goldenen Kranz tragen.
So sehen die historischen Tatsachen aus. Aber die römische Geschichtsschreibung machte im Lauf der Zeit etwas ganz anderes daraus: Die etruskischen Könige wurden zu blutigen Tyrannen. So wurde für die Römer das Ende des Königtums gleichgesetzt mit der Befreiung des römischen Volkes. Jede Form der dauerhaften Alleinherrschaft galt daher als Übel, das man bekämpfen musste, der Titel *rex* für einen führenden Politiker war absolut tabu: Nie wieder einen König! Caesar provozierte also viele Republikaner aufs Äußerste, wenn er sich wie ein König kleidete und als Diktator eine dauerhafte Alleinherrschaft anstrebte.

So viele Götter ... Die Religion der Römer

Eine spezielle römische Religion gab es eigentlich gar nicht. Vielmehr hatten sich in Rom die verschiedensten Religionen vermischt: Die ältesten Bewohner der sieben Hügel Roms, dann die Etrusker und die Griechen, schließlich auch die Völker des Orients, sie alle hatten ihre Spuren in der römischen Götterwelt hinterlassen. Über die Herkunft vieler ihrer Gottheiten wussten die Römer selbst nichts Genaues. Erst im letzten Jahrhundert v. Chr., also zur Zeit Caesars, begannen Gelehrte und Schriftsteller über die Geschichte ihrer Religion nachzudenken.

Wichtigster Gegenstand der Religionsausübung war der römische Festkalender, der durch staatliche Verordnung festgelegt wurde. Bestimmte Tage waren einer bestimmten Gottheit geweiht, zu deren Ehren Opfer gebracht und die überlieferten Riten vollzogen wurden.

Genaue Vorstellungen über Aussehen, Eigenschaften und Herkunft ihrer Gottheiten machten sich die Römer nicht. Sie versuchten auch nicht das Wesen ihrer Götter zu erklären oder ihnen im Gebet nahe zu kommen. Sie glaubten einfach, es gäbe zum Beispiel einen Gott, der für das Kriegsglück zuständig wäre, und nur wenn man ihm einen Tempel errichtete und ihm Opfer brächte, könnte man auf seinen Beistand hoffen.

Von manchen Göttern wussten die Römer nicht einmal mehr, wofür sie eigentlich genau zuständig sein sollten, aber dennoch widmeten sie ihnen Opfer und Ritus, aus Gewohnheit und um sie nicht zu beleidigen.

In der ältesten Zeit waren Iuppiter, Mars und Quirinus die angesehensten Götter; Iuppiter ähnelt dem griechischen Göttervater Zeus, Mars dem griechischen Kriegsgott Ares; Quirinus war vielleicht der vergöttlichte, sagenhafte Gründer Roms, Romulus. Iuppiter wurde später oberster Staatsgott. Ihm zur Seite standen fast gleichrangig Iuno (ähnlich der griechischen Hera) als Beschützerin der Frauen und Minerva, die wie die griechische Athene für Künste und Handwerk zuständig war. Hohes Ansehen genossen außerdem Neptun (griech. Poseidon), der Gott der Gewässer, Faunus, der Gott der Herden und Hirten, Ceres, die die Ackerbauern schützte, Saturn, der ursprünglich vielleicht für die junge Saat verantwortlich war, Flora (Blumen), Apollo (Weisheit) und Venus (Liebe).

Statue eines Iuppiter

Besondere Bedeutung für Rom besaßen Ianus, der Doppelköpfige, der über die Stadttore wachte, und Vesta, die Hüterin des Feuers. Laren und Penaten nannte man die Gruppe der Gottheiten, die das Haus, den Herd und die Vorratskammer beschützten.

Jeder Römer hatte überdies, so glaubte man, einen eigenen Gott, einen sogenannten Genius, der speziell für ihn zuständig war. Wer Geburtstag hatte, opferte seinem Genius, um die Aussichten auf ein glückliches neues Lebensjahr zu verbessern. Verehrung genossen schließlich auch noch die familieneigenen Manen, die Geister der verstorbenen Vorfahren.

Als wäre all das nicht schon kompliziert genug gewesen, verehrten die Römer zusätzlich noch abstrakte Begriffe als Gottheiten, wie Hoffnung *(spes)*, Eintracht *(concordia)*, Sieg *(victoria)*, Tugend *(virtus)*, Frömmigkeit *(pietas)*, Glück *(fortuna)* und andere.

Statue der Minerva

Als die Römer durch ihre Eroberungen häufig mit fremden Kulturen zusammentrafen, fanden weitere Kulte Eingang in die römische Religion: unter orientalisch-griechischem Einfluss z. B. die Bacchanalien, ziemlich orgiastische Feste zu Ehren des Weingottes Bacchus.
Als erster Römer wurde Caesar zu Lebzeiten schon fast wie ein Gott verehrt und nach seinem Tod zum Gott erhoben (Apotheose), was später alle römischen Kaiser für sich in Anspruch nahmen.

Verschwörung gegen Caesar

Wenige Wochen nachdem Caesar dem römischen Volk so listig kundgetan hatte, dass er zwar Diktator, aber niemals König sein wolle, wurde mein Herr zu einem *convivium*[34] bei Gaius Cassius Longinus geladen.

Ich war einigermaßen platt. Denn Cassius Longinus, einer der Prätoren des Jahres 44, stammte aus altem plebejischem Adel und war ein ziemlich aufgeblasener Kerl. Warum sollte er jemanden einladen, der nur dem Ritterstand angehörte? Nun, das war vielleicht mit Tertius Salvius' beträchtlichem Vermögen zu erklären: Cassius Longinus litt bekanntermaßen unter ständigem Geldmangel. Aber Cassius war auch ein erklärter Gegner Caesars, ja, vielleicht sein erbittertster Feind – und Tertius Salvius küsste noch die Fußspuren des Diktators. Warum also hatte Cassius meinen Herrn eingeladen?

Das weckte meine Neugier und ich beschloss an diesem Abend so viel wie möglich zu erlauschen.

Umso größer war meine Enttäuschung, als Tertius Salvius, kaum dass ich ihn zum Haus seines Gastgebers geleitet hatte, mir den Auftrag gab, einen befreundeten Immobilienbesitzer aufzusuchen, um mit ihm die Vorverhandlungen über den Kauf einer *insula* zu führen.

Doch an diesem Abend war mir Fortuna[35] wohlgesinnt. Ich hatte noch keine 200 Doppelschritte zurückgelegt, da sah ich

34 convivium – *Gastmahl, Gelage*

35 Fortuna – *Glück, Schicksal, hier: Glücks- oder Schicksalsgöttin*

den Mann, den ich treffen sollte, mit ein paar Freunden in einer Taverne sitzen. Er war erstaunt, als er erfuhr, dass ich zu ihm unterwegs war; offenbar hatte mein Herr vergessen ihn zu informieren. Ich hätte also den weiten Weg umsonst gemacht. Ich nannte ihm das Objekt, das mein Herr zu kaufen wünschte, sowie den Preis, den er bot. Wieder war seine Verwunderung groß, denn er hatte keineswegs die Absicht, gerade diese *insula* zu verkaufen. So waren die Verhandlungen beendet, ehe sie begonnen hatten. Es mochte kaum eine halbe Stunde vergangen sein, als ich das Haus des Cassius Longinus wieder erreichte, um Tertius Salvius Bericht zu erstatten.

Ich hatte mir damals angewöhnt nahezu geräuschlos zu gehen und meinen Weg so zu wählen, dass ich möglichst unbeobachtet blieb. Wer häufig unterwegs ist, um Stimmungen und Gerüchte zu

erkunden, fällt am besten nicht auf. Es war also nichts Ungewöhnliches daran, dass ich lautlos wie eine Katze durch das *atrium* auf das *triclinium*[36] zuhuschte. Ich wollte den Raum gerade betreten, als ich meinen Namen hörte. Nein, natürlich nicht meinen Namen, so viel Ehre erweist man einem Sklaven nicht, aber die Rede war von mir.

„Was ist mit deinem buckligen Griechen?", fragte jemand. „Könnte er das nicht herausfinden?"

„Könnte er schon. Es gibt nichts, in das er seine lange Nase nicht steckt. Aber ich traue ihm nicht. Welchem Griechen kann man schon trauen? Außerdem scheint er ein Bewunderer Caesars zu sein."

Vielleicht waren es die kränkenden Worte meines Herrn, vielleicht eine Ahnung, dass es für meine Gesundheit besser wäre, wenn ich mich nicht sehen ließe, vielleicht auch nur Neugier, jedenfalls spähte

36 **triclinium** – *Speiseraum*

ich nach einem guten Versteck aus. In einer dunklen Ecke nahe dem Eingang zum *triclinium* entdeckte ich eine Statue der Iuno, groß genug, um mich vollständig zu verbergen. Ich hockte mich hinter sie und legte das Ohr gegen die Wand. Die Stimmen waren gedämpft, ich konnte nur Bruchstücke verstehen. Immerhin war es genug, um zu begreifen, dass von Caesar die Rede war. „Hochmut des Tyrannen" hörte ich, „Todesstoß für die Republik", „Wiederherstellung der Freiheit", „Kampf um jeden Preis", dann die Stimme meines Herrn, irgendetwas von „20.000 Sesterzen geboten". Natürlich, wenn diese Krämerseele sich äußerte, musste es um Geld gehen!

Dann ergriff ein Mann das Wort, bei dessen mächtiger Stimme die Wand durchlässig wie Papyrus wurde. Keinem anderen als Cicero gehörte sie, dem Exkonsul und gewaltigen Redner, dem man nachsagte, er hielte sich täglich selbst einen Vortrag, um sich an der eigenen Brillanz zu erfreuen. „Wie lange noch", donnerte er, „will Caesar unsere Geduld missbrauchen, indem er um seiner Vorrangstellung willen alles göttliche und menschliche Recht umstürzt? Indem er mit Spielen, Bauten, Spenden und Speisungen den einfältigen Pöbel an sich bindet? Indem er sich Anhänger kauft und seine Gegner sich mit scheinbarer Milde verpflichtet? Sollen wir ihn gewähren lassen, bis wir uns an die Unfreiheit gewöhnt haben? Hat er nicht seine glänzenden Begabungen und Fähigkeiten nur dazu benutzt, um seine Sucht nach

Ruhm, Herrschaft und Macht zu befriedigen?“ Zustimmendes Trommeln, Klatschen und Brüllen unterbrach ihn.
„Er verhöhnt die Traditionen der Republik, indem er die Tracht der Könige trägt, die Senatoren macht er zu Hampelmännern, er tritt die guten Sitten mit Füßen, indem er mit diesem unausstehlichen, zügellosen Weib Kleopatra in aller Öffentlichkeit ein Verhältnis unterhält!“
Wieder brach stürmischer Beifall los.
„Ihr werdet vielleicht fragen, bist du nicht, Cicero, sein Freund? Ich werde euch entgegnen: Ist nicht die Freiheit des Vaterlandes dem Leben des Freundes vorzuziehen?“
Ich zuckte hinter meiner Statue zusammen. Leben? Ging es hier um Caesars Leben? Nein, das konnte nicht sein!
Leider verstummte Cicero jetzt, denn ein Sklave mit einer riesigen Platte voller Vorspeisen betrat das *triclinium*. Ich roch den Duft gebratener Eier, den würzigen Geruch von *garum*[37] und gekochten Muscheln und das herbe Aroma geschmorter Pilze. Der Boden war kalt und hart, mein Magen knurrte, und zu hören war auch kaum mehr etwas; durch die Wand drang nichts mehr als gedämpftes Schmatzen und Murmeln.

37 garum – *Fischsoße*

Nur meine Neugier und das sichere Gefühl, dass ich heute Abend noch etwas Wichtiges erfahren würde, ließen mich ausharren.
Der Sklave brachte den zweiten und schließlich den dritten Gang. Er war ganz allein, offenbar waren alle anderen Bediensteten aus dem Haus geschickt worden. Natürlich! War nicht auch mein Auftrag nur ein Vorwand gewesen? Die Herren wollten unter sich sein. Ich bezwang also das Missbehagen über meine eingeschlafenen Beine, über mein Hinterteil, das so kalt wie ein Eisbrocken wurde, und presste mein Ohr gegen die Wand.
Vergebens, nichts von Bedeutung war zu hören. Der Sklave räumte ab; jetzt würde er Nüsse und Honig bringen, dazu einen großen Krug Wein und Wasser, und dann würde, wie beim *convivium* üblich, die Unterhaltung sich auf das Erzählen von unanständigen Witzen oder die Schilderung unglaublicher Großtaten der Manneskraft beschränken.
Ich hatte mich gerade ächzend aufgerappelt, als es im *triclinium* lauter wurde. Bei den Göttern, sie wollten schon gehen! Zitternd, teils vor Kälte, teils vor Angst, entdeckt zu werden, presste ich mich gegen meine Iuno und ich schwöre, sie war die kälteste Frau, an die ich mich jemals geschmiegt habe!
„Also, Marcus Cicero", meinte einer der Männer, „gehst du jetzt mit uns?"
„Nein, ich bitte euch, lasst mich außen vor. Er war einmal

mein Freund, und wenn ich auch euer Vorhaben aus ganzem Herzen billige, so bringe ich es doch nicht fertig, mich daran zu beteiligen. Mögen euch die Götter schützen – um unseres Vaterlandes willen!“

Woran wollte sich Cicero nicht beteiligen? Was hatten die Männer vor? Ich musste es erfahren!

Eilig huschte ich durch das *atrium,* um vor ihnen aus dem Haus zu sein. Draußen verbarg ich mich hinter der nächsten Ecke und wartete, bis die Männer aus dem Haus traten. Was sie auch planten, einen Umsturz oder Schlimmeres, sie würden sehr vorsichtig sein und nach Verfolgern Ausschau halten. Ich zog mir daher, was angesichts der kalten Nacht nicht besonders auffällig war, die Kapuze meiner *paenula* über den Kopf und eilte leise und jeden Mauervorsprung zur Deckung nutzend hinter den Männern her. Wenn sie stehen blieben, um in die Dunkelheit zu lauschen, hielt ich sofort an und verschmolz, ein kleiner Mann im braunen Mantel, mit den Schatten der Nacht.

Sie überquerten das Forum, gingen am Saturntempel vorbei und steuerten auf den uralten Tempel der Concordia[38] zu, der erbaut worden war, als Patrizier und Plebejer nach langem Zerwürfnis Frieden geschlossen hatten. Sie stiegen die Stufen hinauf und ein Lämpchen nach dem anderen wurde vom Inneren des Tempels verschluckt.

Ich ließ einige Zeit verstreichen, dann huschte ich leise die Treppen hinauf – und blieb wie angewurzelt stehen. Im

38 Concordia – *Eintracht, hier: Göttin der Eintracht*

Schatten der Säulen standen zwei riesige, muskelbepackte Gladiatoren. In der einen Faust einen eisenbeschlagenen Stock, über der anderen den *caestus*,[39] stierten sie mich misstrauisch an.

„Was hast du hier zu suchen, Zwerg?", knurrte der eine, während der andere den Knüppel hob, um mich wie eine Ratte zu erschlagen.

39 caestus – *mit Bronzedornen bewehrter Schlaghandschuh*

Düstere Bauten und luftige Paläste – wie die Römer wohnten

Die „Plattenbauten“ Roms waren die *insulae*, drei-, vier- oder fünfstöckige Mietskasernen, oft schnell und mit minderwertigen Materialien hochgezogen. Das Erdgeschoss war am solidesten gemauert, durch große, mit Läden versehene Bogenfenster hell und dementsprechend teuer. Dort befanden sich Tavernen und Bordelle, Schreibstuben und Werkstätten, dort boten Bäcker ihre Waren und Bader ihre Dienste an. Ab dem ersten Stock begann der Wohnbereich. Je höher man stieg, umso enger und dunkler (und billiger) wurden die Wohnungen. Bessere *insulae* verfügten über einen Brunnen vor dem Eingang oder im Hof, die Bewohner der

Modell eines mehrgeschossigen Mietshauses in Ostia, Latium, aus dem 1. Jahrhundert n. Chr., Rekonstruktion, 1938

schlechteren mussten sich zu einem der zahlreichen öffentlichen Brunnen begeben. Das Gleiche galt für die Toiletten *(latrinae)* – es gab öffentliche Aborte mit mehreren Sitzen nebeneinander.
Das Kochen war in den meisten *insulae* wegen der Brandgefahr strengstens verboten. Auch deshalb gab es in Rom so viele Imbissstuben und Garküchen.
Die Möblierung war meist sehr kärglich: ein Ruhebett, auf dem gegessen und geschlafen wurde, ein paar Schemel oder Klappstühle, manchmal ein geflochtener Sessel, ein Tisch, einige Truhen, um die wenige Habe aufzunehmen.
Wer es sich leisten konnte, bewohnte ein Haus *(domus)*. Es war als Viereck gebaut, zur Straßenseite fensterlos und abgeschlossen; nach innen öffnete es sich mit vielen Türen und Fenstern. Durch den Eingang gelangte man in den Vorraum *(vestibulum)*, von dort in eine große Halle *(atrium)*, die im Zentrum des Daches geöffnet war. Darin befanden sich Brunnen, Herd und Hausaltar. Rechts und links vom *atrium* lagen auf zwei Stockwerken Schlafräume und Unterkünfte *(cubicula)*.
An das *atrium* schloss sich das Empfangszimmer *(tablinum)* an, neben dem rechts und links die Speiseräume *(triclinia)* lagen.
Bei wirklich reichen Leuten gab es auch noch einen Säulenhof und einen ummauerten Garten zum Lustwandeln. Die Zahl derer, die ein solches Haus finanzieren konnten, war relativ gering. Man schätzt, dass es zur Zeit Caesars ca. 1.800 *domus*, dagegen aber 47.000 *insulae* gegeben hat.

Nicht jedermanns Geschmack – Was die alten Römer aßen

Die Römer waren eher Frühstücksmuffel; Brot, Käse und Wasser bildeten bei den meisten das Frühstück *(ientaculum)*, gelegentlich gab es verdünnten Wein oder Milch, ein bisschen Honig und Obst. Die Mittagsmahlzeit *(prandium)* war schon reichlicher, Käse, Eier, Oliven, eingelegtes Gemüse, Feigen, Nüsse, Kuchen. Getrunken wurde Wein, meistens verdünnt. Die Hauptmahlzeit bildete das Abendessen *(cena)*. Salate, eingelegte Gemüse, Eier, Pilze, Dörrfisch und Meeresfrüchte waren als Vorspeisen beliebt, dazu trank man gern *mulsum,* herben Weißwein, der mit etwas Honig versetzt wurde. Den Hauptgang bildeten Würstchen, Geflügel, Schinken, verschiedene Braten und Ragouts, zum Dessert gab es rohe oder getrocknete bzw. in Honig eingelegte Früchte und Nüsse.

Römisches Gastmahl, Wandbild, 1877

Üppiger ging es bei einem Gastmahl *(convivium)* zu. Hier bestanden die einzelnen Gänge oft aus vielen Speisen; auch Delikatessen waren darunter, wie in Honig eingelegte Haselmäuse, Flamingo, Kranich, Spanferkel, in Honig gebratene Datteln und vieles mehr. Dazu floss der Wein reichlich, oft auch unverdünnt.

Die Römer liebten Kontraste (süß und sauer/salzig) und intensive Gewürze wie Minze, Dill, Kreuzkümmel, Koriander, Knoblauch, Liebstöckel oder Safran. Ihre Küche war nicht denkbar ohne drei charakteristische Zutaten: Das *garum* oder *liquamen* ist eine Fischsoße, die für fast alle Gerichte verwendet wurde. *Defrutum* ist eingekochter, dickflüssiger Traubenmost, *passum* eine sehr süße Weinzubereitung. Auch diese beiden Aromen wurden in vielen Gerichten verwendet.

Die armen Leute verspeisten neben Brot vor allem die *puls,* einen Brei aus grobem Dinkelmehl und Wasser und unter Umständen mit würzenden Zutaten oder Milch verbessert, dazu Kohl, Zwiebeln, Knoblauch und anderes Gemüse, Käse, Oliven und Olivenöl, Feigen und Kastanien. Fleisch war ein seltener Genuss. In ganz Rom gab es eine Unmenge von Garküchen *(popinae)* und Imbissbuden *(cauponae):* einfache Theken auf der Straße, manche mit ein paar überdachten Tischen und Bänken, die dicke heiße Suppen, gefüllte Fladenbrote und Getränke anboten. Wer vor allem trinken wollte, setzte sich in eine Weinkneipe *(taberna)*. Gehobene Restaurants gab es nicht. Erlesen gespeist wurde nur in noblen Privathäusern mit eigenem Koch.

In der Höhle des Löwen

Oh ihr unsterblichen Götter, helft mir! Mir musste ganz schnell irgendetwas einfallen, denn in der ersten Aufregung war ich zwischen die Kolosse getreten, sodass eine Flucht unmöglich war.

„Wo ist das Zeichen, Bürschchen?"

Zeichen, was für ein Zeichen? Fortuna, einmal noch! Am Concordia-Tempel war ich, dem uralten Tempel, *templum*
40 *cascum* ... *cascum, cascum* ... Casca gehörte zu denen, die an dem geheimen Treffen teilnahmen, Publius Servilius Casca ... er hatte etwas verloren, neulich vor der Curia Iulia ...

„Na, was ist jetzt?" Eine caestusbewehrte Hand packte mich im Nacken.

„Hier!" Hastig zog ich das Täfelchen aus der Tasche. „Hier! IDIBUS MARTIIS!"

„Lass ihn durch, er gehört dazu!"

Fortuna war mir treu geblieben.

Sobald ich drinnen war, kümmerten sich die beiden Kolosse nicht mehr um mich. Ich hörte das aufgeregte Durcheinander vieler Stimmen aus der *cella*, dem Raum, in dem sich die Statue der Concordia befand. Die Türöffnung war mit einem schweren Vorhang verschlossen. Behutsam schob ich ihn um
41 ein, zwei *digiti* zur Seite und spähte in den Raum. Eine wahrhaft illustre Gesellschaft war da versammelt! In dem

40 templum cascum – *uralter Tempel*
41 digitus – *Längenmaß; Fingerbreite (ca. 1,8 cm)*

Ausschnitt, den ich durch den schmalen Spalt überblicken konnte, sah ich ein paar vereinzelte Ritter, darunter meinen verehrten Herrn Tertius Salvius, und sonst nur Würdenträger und Senatoren. Im Schein der Fackeln erkannte ich Gaius Cassius Longinus und Marcus Iunius Brutus, die beiden Prätoren dieses Jahres, nach Caesar und seinem Mitkonsul Antonius die höchsten Beamten des Staates. Caesar selbst hatte ihnen zu ihrem Amt verholfen. Gerade hatte Longinus das Wort ergriffen.

„Ich sage euch, er ist ein Tyrann, und deshalb muss er sterben, weil er eine Gefahr für den Staat darstellt, indem er alle Macht auf sich vereinigt."

„Das ist unstrittig", entgegnete jemand, den ich nicht sehen konnte. „Aber wir haben einen Eid geleistet, wonach er nicht nur für uns unantastbar ist, sondern

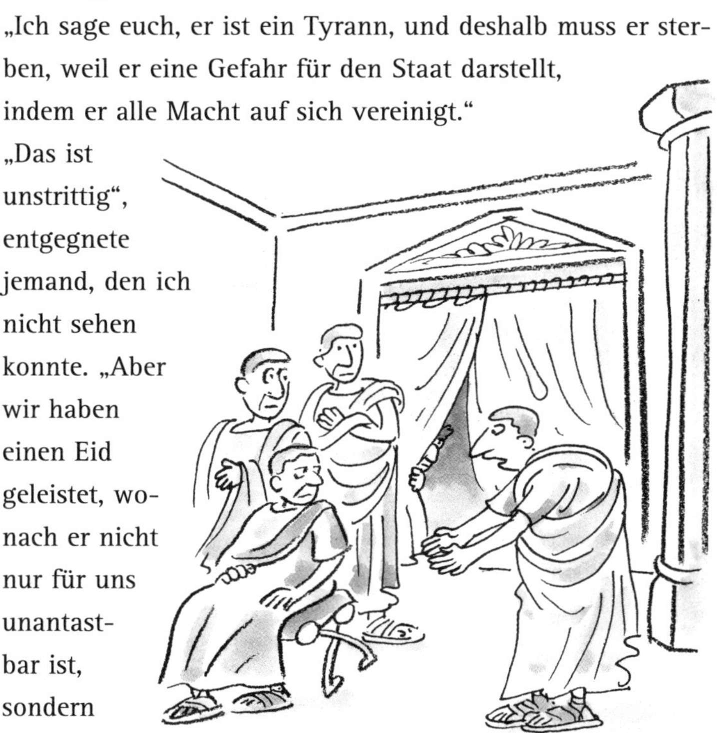

wir sogar noch sein Leben unter Einsatz unseres eigenen schützen müssen!“

„Hast du ihn freiwillig geleistet, Tillius?“

„Nun ja, ich habe nicht daran gedacht, ihn zu verweigern, denn wer weiß, was geschehen wäre, wenn ...“

„Na, siehst du! Meinst du wirklich, du müsstest dich an einen erzwungenen Eid halten?“, fragte Cassius Longinus. Brutus fügte mit scharfer Stimme hinzu: „Was wiegt wohl schwerer, Tillius, dem Staat die Treue zu brechen oder einem einzelnen Menschen, noch dazu einem, der die Ideale eben – dieses Staates verraten hat?“

Oh, würdest du ahnen, erhabener Caesar, dass die, die dir am meisten verdanken, deine unerbittlichsten Feinde sind!

„Da du gerade von Verrat sprichst, Marcus Brutus“, warf ein anderer ein, „hier sind an die 60 Männer versammelt. Können wir sicher sein, dass niemand von uns ein Spion ist?“

Es war Longinus, der ihm antwortete. „Ich glaube nicht, dass wir dergleichen zu fürchten haben. Für euch alle, die ihr hier zusammengekommen seid, lege ich meine Hand ins Feuer. Mag auch der eine oder andere weniger aus Vaterlandsliebe als aus persönlichem Hass gegen Caesar oder aus handfesten finanziellen Interessen zu uns gestoßen sein – das bindet ihn nicht weniger dauerhaft an uns. Im Übrigen ist dies hier keine Verschwörung, die sich gegen den Staat richtet. Was wir vorhaben, ist legitimer Widerstand gegen einen Tyrannen, der die geltenden Gesetze missachtet und der die

Grundlagen des Staates zerstört. Wir haben nicht nur das Recht, wir haben geradezu die Pflicht, ihn zu töten."
Longinus hatte sich in Eifer geredet, die Männer murmelten Beifall, einige klatschten verhalten. Doch Longinus hob die Hand, er war noch nicht fertig. „Caesar ist kein Dummkopf. Er weiß, dass viele gegen ihn sind. Aber in seiner grenzenlosen Selbstüberhebung denkt er nicht einmal daran, sich zu schützen, er hält sich für unangreifbar. Und das, meine Freunde, wird uns unsere Aufgabe erleichtern." Er nickte Brutus zu, der an seiner Stelle weitersprach.
„Wir sind uns also einig. Auch bei dem vorgesehenen Zeitpunkt sollten wir bleiben; seine Ruhmsucht drängt ihn zu seinem geplanten Feldzug gegen die Parther aufzubrechen; kehrt er wie gewohnt erfolgreich und mit einem lässigen *„veni, vidi, vici"*[42] auf den Lippen zurück, wird er mehr Rückhalt denn je beim Volk haben. Dann können wir die Republik endgültig begraben. Der Tag steht also fest. Entscheiden müssen wir jedoch, wie er getötet werden soll."
„Wir müssen ihn so töten, dass möglichst viele von uns daran beteiligt sind und dass niemand dagegen einschreiten kann. Ich plädiere dafür ..."
In diesem Augenblick verließ mich Fortuna, die wankelmütige Göttin. Ich hatte, um nur ja nichts zu verpassen, den Spalt zwischen den Vorhängen vergrößert und den Kopf weiter und weiter vorgeschoben, die Kapuze war mir heruntergerutscht. Plötzlich merkte ich, dass ich drauf und dran

42 Veni, vidi, vici! – *Ich kam, sah, siegte!*

war, den Männern da drinnen mein Gesicht zu präsentieren. Ich zuckte zurück, dabei verlor ich das Gleichgewicht und klammerte mich an den Vorhangkanten fest. Eine Stoffbahn riss geräuschvoll, dann löste sich der ganze rechte Vorhang aus der Verankerung und fiel herunter. Für einen Augenblick war ich, von dutzenden von Fackeln und Öllampen beleuchtet, für jedermann sichtbar.

Dolche wurden gezückt, Knüppel geschwungen, eine Stimme brüllte: „Gibber!" Es wird euch nicht schwer fallen, zu erraten, wem sie gehörte.

Bei Merkur, dem Geflügelten, was sollte ich tun? Gedankenschnell trat ich auf den Vorhang, riss mir ein Stück heraus und steckte es an einer der Fackeln an. Mit dem lichterloh brennenden Fetzen raste ich zum Ausgang. „Feuer! Es brennt, es brennt! Rette sich, wer kann!"

Die beiden Gladiatoren sprangen entsetzt beiseite, als sie mich, in Flammen und Rauch gehüllt, auf sich zustürzen sahen. Mehr brauchte ich nicht. Ich ließ den Vorhang fallen und stob davon.

Ich glaubte nicht, dass sie mich verfolgen würden. Ich war nicht wichtig genug; sie wussten durch meinen Herrn, wer ich war, ein Sklave, den man einsperren, schlagen, verschwinden lassen konnte – was für eine Gefahr sollte ihnen von mir drohen? Außerdem war es kaum möglich, jemanden, der sich in Rom auskannte wie nur wenige, in den dunklen Gassen der Riesenstadt einzuholen und zu ergreifen. Dennoch lief ich, so schnell ich konnte. Bei Tertius Salvius war ich meiner Gesundheit, vielleicht meines Lebens nicht mehr sicher. Aber ich wollte nicht alles aufgeben, was ich mir in Jahren mühevollen Dienstes zurückgelegt hatte. Bald erreichte ich das Haus meines Herrn, ging wie selbstverständlich hinein, holte aus meinem Geheimversteck das bisschen Geld, das ich mir auf die Seite geschafft hatte, nahm noch ein paar Kleidungsstücke auf den Arm und machte, dass ich davonkam.

Was sollte ich jetzt machen? Meine Neugier hatte mich in eine Lage gebracht, die ziemlich aussichtslos war. Noch dazu hatte sie sich nicht einmal gelohnt. Ich wusste zwar, dass Caesar ermordet werden sollte, aber wann, wo und wie, das wusste ich nicht, ja, ich war mir nicht einmal im Klaren darüber, ob die Männer, die ihm ans Leben wollten, überhaupt unrecht handelten.

Ein entlaufener Sklave war ich jetzt, jeder hatte, wenn er mich als solchen erkannte, das Recht, mich zu prügeln, festzuhalten, zu töten, wenn Gefahr von mir auszugehen schien. Tatsächlich blieb mir nur eine Möglichkeit, nämlich zu dem einzigen wirklichen Freund zu gehen, den ich besaß in dieser Riesenstadt, und ihn um Hilfe zu bitten.

Dazu müsst ihr wissen, dass ich auf einem der Streifzüge im Auftrag meines Herrn einen älteren Mann kennen gelernt hatte, der eine Schule für Söhne begüterter Familien leitete, so, wie ich es heute tue. Er war, im Gegensatz zu vielen anderen, die ihren Lebensunterhalt als Schulmeister verdienten, kein Freigelassener, sondern eingewanderter Grieche aus Kleinasien und nannte sich Xanthippos von Milet.

Bei einem *crustularius*[43] war ihm ein Korb mit süßen Plätzchen entglitten; ich hatte das Gefäß gedankenschnell aufgefangen und so den wertvollen Inhalt vor dem römischen Straßendreck bewahrt. Zum Dank lud er mich in seine Wohnung ein und wir kamen ins Gespräch. Er war froh in mir einen Menschen gefunden zu haben, der ihm, wennschon nicht an Bildung, so doch an Beweglichkeit des Geistes und Schnelligkeit des Denkens ebenbürtig war. Wir wurden Freunde und er lehrte mich vieles, von dem heute eure Unwissenheit profitiert.

Zu Xanthippos also ging ich. Er bewohnte in einer *insula* im ersten Stock eine behagliche Zwei-Zimmer-Wohnung. Trotz der späten Stunde war er noch nicht zur Ruhe gegangen.

43 **crustularius** – *Zuckerbäcker*

„Eusebios, mein Freund“, begrüßte er mich, „sag bloß, dein sonst so kleinlicher Herr hat dir freigegeben, damit du einen Schlaftrunk mit mir nehmen kannst?“

Dann bemerkte er, wie abgekämpft und aufgeregt ich war, und lud mich ein mich erst einmal auszuruhen.

Wenig später standen Brot, Käse, Oliven, Honigkuchen und ein Becher heißen, gewürzten Weines vor mir. Nachdem ich mich gestärkt und meine innere Erregung sich gelegt hatte, begann ich zu erzählen, was ich erlauscht hatte: dass Gaius Julius Caesar Opfer eines Mordkomplotts werden sollte. Wie ich durch meine Ungeschicklichkeit entdeckt worden und nun meines Lebens nicht mehr sicher war.

Ich schloss meinen Bericht mit einer knappen Frage, die die ganze Ausweglosigkeit meiner Situation wiedergab: „Was soll ich jetzt tun, Xanthippos?“

Der alte Schulmeister, der mir aufmerksam zugehört hatte, kratzte sich am Kinn. „Wenn sich diese Frage nur auf deine persönliche Sicherheit bezöge, kein Problem, mein Freund. Du könntest erst einmal hier bleiben. Irgendwann würde ich Mittel und Wege finden, dich aus der Stadt heraus und in eine Gegend zu bringen, wo dir nichts geschehen kann. Aber ich höre mehr aus deiner Frage heraus. Du fragst auch: ‚Soll ich Caesar warnen oder nicht?‘“

„Du sagst es“, erwiderte ich trübsinnig. „Ganz davon abgesehen, dass ich keine Ahnung habe, wann und wo der Mord stattfinden soll, weiß ich nicht, wie ich diese Verschwörer beurteilen soll. Haben sie Recht? Ist Caesar ein Tyrann, der sein Leben verwirkt hat, weil er eine Willkürherrschaft ausübt und den Staat seinen eigenen Interessen unterwirft? Oder ist er ein großer Mann, dem sie seinen Erfolg neiden und der ihnen ein Dorn im Auge ist, weil er ihre eigene Stellung schwächt? Erhoffen sie sich von seinem Tod einen Gewinn? Nimm meinen Herrn als Beispiel. Niemand kann mir weismachen, dass ihn ein ehrenhaftes Motiv leitet. Andererseits – ein Mann wie Gaius Cassius Longinus scheint mir durchaus ein Mann von ehrlichen Überzeugungen zu sein ... Ach, ich weiß nicht, was ich tun soll, Xanthippos, rate du mir!"

Der Alte seufzte. „Wenn das so einfach wäre! Ob die Verschwörer nun wegen ihres Gewinns handeln wie Tertius Salvius oder aus Überzeugung wie Longinus, das ist nicht wesentlich. Du wirst immer solche und solche finden. Wesentlich scheint mir vielmehr: Ist das Unheil, das Caesar über Rom bringt oder gebracht hat, so groß, dass es einen Mord rechtfertigen würde?„Nicht leicht zu beantworten für einen Sklaven", sagte ich. „Ob Republik oder Diktatur, ein Sklave ist immer ein Sklave. Wenn es der Laune seines Herrn gefällt, bezieht er Prügel, ganz gleich, ob zwei gewählte Konsuln oder ein Tyrann den Staat beherrschen."

„Sieh über deinen Tellerrand hinaus, Eusebios", drängte der alte Schulmeister. „Wie steht es um Rom, seit Caesar die Zügel in der Hand hält?"

Ich dachte eine Weile nach. „Es hat den Bürgerkrieg beendet … er hat die Schulden vermindert und die Mieten gesenkt … er hat für Rom großartige Siege errungen … viele seiner Gegner hat er begnadigt … andererseits hat er den Senat voll gestopft mit seinen Günstlingen und ihn und die Magistrate völlig entmachtet, sodass wirklich alles von seinem Wort abhängt …“

„Und, welchen Schluss ziehst du daraus?“

Ich zuckte die Schultern. „Weißt du, Xanthippos, ich werde nicht über den Tellerrand hinausschauen; für einen wie mich kompliziert das die Sache nur. Caesar ist zu mir, dem buckligen, kleingewachsenen Sklaven, freundlich gewesen und hat mir einen Silberdenar geschenkt. Ich werde ihn warnen.“

Xanthippos lächelte. Er schien mit meiner Entscheidung zufrieden zu sein.

Mord oder Notwehr? Die Beseitigung eines Tyrannen

Als Tyrann gilt ein Mensch, der andere zu beherrschen sucht und sich dabei grausamer und ungerechter Mittel bedient.
Diese Bedeutung geht auf das alte Griechenland zurück. Mehrmals hatte sich in den griechischen Stadtstaaten, z.B. in Athen, im 6. und 5. Jahrhundert v. Chr. ein Alleinherrscher (griech. tyrannos) an die Spitze des Staates gestellt. Dies geschah meist in wirtschaftlichen oder politischen Krisenzeiten. Selbst wenn ein solcher Tyrann die Krise erfolgreich meisterte, duldeten die Griechen

Ermordung Caesars, Gemälde, 1865

niemals eine Tyrannenherrschaft über mehrere Generationen. Vielmehr galt sie als ungerecht und verabscheuungswürdig.
Genauso widerwärtig wie den Griechen die Tyrannis war den Römern die Herrschaft eines Königs *(rex)* geworden. Die Abscheu vor der dauerhaften Herrschaft eines Einzelnen ging so weit, dass die Römer sogar dem sagenhaften Gründer Roms, Romulus, der lange wie ein Gott verehrt wurde, später nachsagten, er sei, weil er seine Alleinherrschaft nicht aufgeben wollte, von den Senatoren in Stücke gerissen worden.
Deshalb wollten die Römer einen solchen Alleinherrscher nur in besonderen Situationen und nur für kurze Zeit dulden: den Diktator. Wer dauerhaft herrschen wollte wie Caesar, geriet in Verdacht, ein Tyrann, ein *rex* werden zu wollen. Seine Gegner hielten ihn für einen gefährlichen Staatsfeind: Aus ihrer Sicht war daher die Beseitigung Caesars nicht etwa Mord, sondern so etwas wie Notwehr, um das Vaterland zu retten. Sie hielten es geradezu für ihre Pflicht, etwas gegen den Diktator zu unternehmen.
Dass die Entscheidung, einen Mordplan durchzuführen, trotzdem nicht gerade leicht zu fällen war, zeigt die Rolle Ciceros: Er hielt es zwar für richtig, Caesar, den er für einen Tyrannen hielt, zu töten, aber an der Tat selbst wollte er sich nicht beteiligen.

Tod dem Tyrannen!

Schlaflos wälzte ich mich auf dem Lager, das Xanthippos mir bereitet hatte. Lange hatten wir diskutiert, wo und wie die Verschwörer ihren Plan wahrscheinlich in die Tat umsetzen würden. „Wenn möglichst alle sich beteiligen wollen", hatte Xanthippos schließlich erklärt, „und wenn das Volk nichts von der Bluttat sehen soll, dann kommt eigentlich nur eine Senatsversammlung in Frage. Am wahrscheinlichsten in der Curia Iulia."

Aber wie sollte ich den Diktator warnen, selbst wenn es mir gelänge, zu ihm vorzudringen? Aufgepasst, Caesar! Geh nicht mehr in die Curia Iulia, man will dich dort ermorden! Er hätte mich ausgelacht. Ja, wenn man einen Beweis hätte! Einen Beweis? Wie vom Blitz getroffen fuhr ich empor und tastete im Dunkeln nach dem Schemelchen, das neben meinem Lager stand. Ich hatte einen Beweis! Meine Finger schlossen sich um ein kleines, mit Wachs ausgegossenes Täfelchen. Ich konnte die Buchstaben fühlen, die darauf eingeritzt waren: IDIBUS MARTIIS! Und ich hatte nicht nur einen Beweis: Ich wusste jetzt auch, wann der Mordanschlag verübt werden sollte: IDIBUS MARTIIS – an den Iden des März: Übermorgen!

Eilig strebte ich durch die fast noch menschenleeren Straßen zum Forum. Über den Dächern der Stadt verkündete ein fahler Streifen den nahenden Tag. Ich zitterte am ganzen Leib, und beileibe nicht nur vor Kälte. Ich hatte entsetzliche Angst.

Fortuna, du unsteter Schmetterling, bleib mir nur diesen einen Tag treu!

Mehr als dürftig erschien mir die Tarnung, die mich davor schützen sollte, als Eusebios Gibber erkannt zu werden. Xanthippos hatte dicke Lederstreifen unter meine Schuhe gebunden, die mich ein wenig größer erscheinen ließen, ein langes, weites *pallium*[44] verbarg meinen Buckel. Mein Gesicht hatte Xanthippos mit einem Extrakt aus Nüssen dunkel gefärbt und mir die strubbeligen Haare geglättet und in die Stirn gekämmt.

„Du siehst aus wie ein wohlhabender griechischer Händler“, hatte er zufrieden gesagt und mir einen Silberspiegel vor die Nase gehalten. Ich dagegen fand, dass ich immer noch wie der Sklave Eusebios Gibber aussah, und dementsprechend schlug mir das Herz bis zum Hals.

44 pallium – *Mantel, wie ihn die Griechen trugen*

Als ich das Forum erreichte, waren erst wenige Frühaufsteher da. Niemand achtete auf mich.

Auf den Stufen der Basilica Aemilia, verborgen hinter einer Säule, kauerte ich mich nieder, fröstelnd, voller Angst, mit nichts in der Tasche als einem kleinen Täfelchen, auf dem stand: IDIBUS MARTIIS.

Die Curia Iulia lag noch verlassen da.

Während ich auf den kalten Steinen hockte und darauf wartete, dass die Morgensonne endlich ihre wärmenden Strahlen schickte, grübelte ich über das nach, was heute geschehen sollte. Noch immer war ich mir nicht im Klaren darüber, ob das, was die Verschwörer vorhatten, verwerflich war oder nicht. Caesar schien mir wahrhaftig kein schlechter

Mensch zu sein. Durfte man überhaupt jemanden töten, der kein schlechter Mensch war? Nein, so konnte ich nicht fragen, denn seine Feinde tötete man auch, ohne zu erwägen, ob sie gut und liebenswert oder sittenlos und böse waren. Aber war Caesar ein Feind? Woran maß man denn einen Feind? Am Eigennutz seiner Taten? Daran, ob sein Handeln jemandem schadete? War dann ein ungerechter Herr auch der Feind seines Sklaven? Durfte der Sklave dann auch seinen Herrn töten? Auf gefährlichen Pfaden bewegten sich meine Gedanken in jenen Morgenstunden und auf viele meiner Fragen habe ich bis heute keine Antwort gefunden. Mittlerweile hatte sich das Forum belebt, doch nichts Auffälliges geschah.

Immer wieder spähte ich um meine Säule herum auf die Via Sacra, ob sich die Verschwörer nicht blicken ließen. Endlich, als die Sonne mir schon ordentlich den Buckel wärmte, sah ich den ersten: Cassius Longinus; er plauderte unbefangen mit einigen Senatorenkollegen, blieb hier und da stehen, um jemanden zu begrüßen, und ging schließlich die Stufen zur Curia Iulia hinauf. Andere folgten, deren Gesichter ich ebenfalls im Concordia-Tempel gesehen zu haben glaubte. Dann strebten immer mehr weiß gewandete Männer mit dem purpurnen Senatorenstreifen auf der Tunika in den Sitzungssaal. Von Tertius Salvius war nichts zu sehen. Nun, er war schließlich kein Senator. Vielleicht würde er den Diktator begleiten – falls er denn kam ...

Ich wartete. Die Sonne stieg höher und meine Glieder begannen zu schmerzen auf dem harten Stein.
Plötzlich wurde es still auf dem Platz. Caesar war gekommen, zu Fuß. Ich bemerkte ihn erst gar nicht, weil ich nach einer Sänfte Ausschau gehalten hatte. Aber er war es, das auffällige Purpurgewand ließ keinen Zweifel zu. Er hielt Schreibzeug in der Hand. Nur zwei Männer begleiteten ihn, Tertius Salvius war nicht dabei. Natürlich nicht.

Bestimmt zog Tertius Salvius es vor, zu Hause zu bleiben, da war es sicherer.
Caesar ging durch die Reihen der Bürger hindurch und nahm Bravorufe wie Schmähungen gelassen nickend zur Kenntnis, bis er die Curia erreicht hatte.
Dann winkte er seinen beiden Begleitern zu und schritt die Stufen hinauf – allein.
Ich hastete ihm hinterher. Kurz nachdem er den Eingang passiert hatte, erreichte ich ihn und berührte ihn am Arm.
„Verzeih, großer Caesar“, stieß ich hervor.

„Ja?“ Er wandte sich um, ganz ruhig, ohne Hast; wenn ich ihn erschreckt hatte, war ihm nichts anzumerken.
„Sieh dich vor, Imperator, es gibt eine Verschwörung gegen dich. Man will dich ermorden, heute, an den Iden des März. Hier ist der Beweis!“ Ich nestelte das Wachstäfelchen aus meinem Mantel und reichte es ihm.
Er sah mich an, erst stirnrunzelnd, dann mit leise spöttischem Lächeln.
„Niemand wird Caesar anrühren“, sagte er gelassen, wobei er dem Namen ‚Caesar‘ durch ein leichtes Anheben der Stimme eine kaum merkliche Betonung, eine Bedeutung verlieh, die seinen Träger weit über alle Sterblichen stellte. „Und wenn doch – dann ist es sein Schicksal.“
Er drückte mir das Wachstäfelchen wieder in die Hand, ohne auch nur einen Blick darauf geworfen zu haben. „Aber ich danke dir trotzdem, mein Freund.“
Er lächelte mir noch einmal liebenswürdig zu, drehte sich um und ging gemessenen Schrittes weiter in den Sitzungssaal.
Einen Augenblick lang blieb ich unschlüssig stehen. Ich bemerkte, wie

zwei untersetzte, bullige Gestalten die Treppe heraufkamen. Ich hatte sie schon einmal gesehen: Es waren die Gladiatoren, die am Concordia-Tempel die Verschwörer vor unerwünschten Eindringlingen hatten bewahren sollen. Was wollten sie hier?

Als sie sich am Eingang postierten, erkannte ich mit erschreckender Klarheit, warum sie hier waren: Sie sollten die Curia abriegeln, niemanden hereinlassen, der Caesar zu Hilfe kommen wollte.

Mit ein paar schnellen Schritten hatte ich den Durchgang zum Sitzungssaal erreicht. Dort blieb ich stehen wie vom Bannstrahl eines Gottes getroffen, das *pallium* glitt mir von den Schultern. Die Bilder, die ich nun sah, haben sich für immer in mein Gedächtnis eingebrannt. Der, der im Tempel der Concordia Tillius genannt worden war, hatte sich zu den Füßen des Diktators niedergeworfen und ihm die Hände entgegengestreckt, so als ob er um etwas bitten, ja, flehen wollte. Caesar, einen Ausdruck heftigen Unwillens im Gesicht, wollte ihn beiseite schieben und weitergehen. Tillius aber klammerte sich an seine Toga. Erzürnt hob Caesar die Hand – da sprang einer aus der Menge der Senatoren heran, Casca war es, der Schleimer, den blanken Dolch in der Faust. Mit einem triumphierenden „Tod dem Tyrannen!" stieß er zu. Caesar bog sich zur Seite, der Dolch drang nicht in die Kehle, sondern traf auf den Unterkiefer und glitt ab. Caesar fuhr herum, ließ seine Schreibtafel fallen und stieß dem Angreifer seinen bronzenen *stilus*[45] in den Arm. Jammernd ließ Casca von ihm ab, doch ein anderer griff an, dessen Dolch Caesar tief in die Seite drang. Er wankte und nun kamen sie von allen Seiten, wie ein Schwarm Geier fielen sie über ihn her, hackten und stachen auf ihn ein: Cassius' Messer fuhr ihm in die rechte Schulter, das des Brutus traf ihn am Bauch, wieder und wieder blitzten die Klingen auf. Kein Tröpfchen Blut war zu sehen auf dem purpurnen Gewand, fast schien es, als könnten die Waffen ihm nichts anhaben, als wäre er unverwundbar.

45 stilus – *Schreibgriffel*

Aber er war schwer, vielleicht schon auf den Tod getroffen; den *stilus* hatte er fallen lassen, schreiend und mit bloßen Händen stieß er die Angreifer von sich, mit immer schwächeren, ungelenkeren Bewegungen, bis er endlich mit letzter Anstrengung sein Gesicht mit seinem Gewand verhüllte; dann gaben die Beine unter ihm nach und er fiel.

Als er am Boden lag, erstarrte plötzlich jede Bewegung im Saal. Die Mörder standen reglos, die blutigen Dolche in den Händen, die Senatoren, die dem Mord tatenlos zugesehen hatten, und die zwei, drei, die ihm doch noch hatten beistehen wollen, blickten entsetzt auf den Gestürzten, als könnten sie nicht glauben, was sich da eben vor ihren Augen abgespielt hatte.

Dann, wie auf Kommando, stürzten alle, Mörder und Zuschauer, hinaus, fast ohne einen Laut, und ließen den, der noch vor kurzem so viel Macht über sie gehabt hatte, allein zurück.

Ich hatte mich in eine Nische gedrückt, niemand beachtete mich. Als der Saal leer war, ging ich langsam auf den Diktator zu, meine Schritte hallten dumpf von den marmornen Wänden wider. Caesar lag auf der Seite, zusammengekrümmt wie ein kleines Kind, die Hände an den Leib gepresst. Das Gewand war ihm im Sturz wieder vom Gesicht geglitten: Das schüttere Haar klebte ihm strähnig am Kopf, der goldene Kranz war verrutscht und hing schräg über dem rechten Ohr, lächerlich wie der Schmuck eines Betrunkenen an den Saturnalien. Er sah alt aus, hager und eingefallen war sein Gesicht im Tod, aber immer noch meinte ich in den Winkeln seines Mundes das spöttische Lächeln zu sehen, das zu sagen schien: „Was seid ihr doch gegen mich!“

Eine kleine Weile betrachtete ich ihn nachdenklich und voller Trauer. Dann aber machte auch ich mich schleunigst davon. Denn wenn man mich hier fand, allein bei dem Toten ... ich war ein Sklave, und wenn man einen Schuldigen braucht, dann ist ein Sklave gerade recht.

Das Ende der Republik

Still saßen die Schüler auf ihren Schemeln, als Eusebios Gibber geendet hatte. Erst nach einer ganzen Weile meldete sich Spurius zu Wort. „Und wie ging es dann weiter, *magister?*“

Eusebios lächelte traurig. „Als ich aus der Curia kam, war der Platz voller Menschen, auf den Stufen der Tempel und Basiliken, auf der Via Sacra, auf den *rostra,* überall drängten sie sich. Mit rasender Geschwindigkeit hatte sich die Nachricht von Caesars Tod verbreitet. Aber es gab niemanden, der die Attentäter bejubelt hätte. Zorniges, hasserfülltes Brüllen war zu hören, erst vereinzelt, dann in immer lauteren Chören: „Rache für Caesars Tod! Rache an Caesars Mördern!“ Wehe den Verschwörern, wenn sie jetzt in die Hände der Plebs gelangt wären, keiner wäre mit dem Leben davongekommen.

Mühsam bahnte ich mir einen Weg durch die Menge; erschöpft und gleichzeitig erleichtert und niedergeschlagen kehrte ich zu meinem Freund Xanthippos zurück. Ich erwartete, dass er mich für mein Versagen tadeln würde, aber er meinte nur: „Du hast gehandelt, wie es dir dein Gewissen befahl, und du hast getan, was du tun konntest. Wenn es anders gekommen ist, dann hat es das Schicksal so gewollt.“

Ja, so hatte er es selber auch gesehen. Auch der große

Diktator, der Imperator und *rex*, der Vater des Vaterlandes, der allmächtige Caesar konnte seinem Schicksal nicht entgehen.

Und er hatte Recht gehabt, als er gesagt hatte, ohne Caesar würde es keinen Frieden geben. Noch in der Nacht kam es zu blutigen Tumulten in der Stadt, Gefolgsleute Caesars und Anhänger der Republikaner lieferten sich Straßenschlachten.

Am fünften Tag nach dem Mord sollte die Trauerfeier für Caesar stattfinden. Obwohl Xanthippos Bedenken hatte, dass die aufgeheizte Stimmung zu einer wahren Explosion der Gewalt führen könnte, wollte ich es mir doch nicht nehmen lassen, dem großen Mann, dem ich zweimal persönlich begegnet war, die letzte Ehre zu erweisen.

Auf dem Forum drängten sich die Menschen, viele weinten und

schlugen sich an die Brust, andere ballten die Faust drohend gegen einen unsichtbaren Gegner.
Vor den *rostra* war eine Absperrung aus mit Zypressenzweigen verkleideten Latten errichtet, in deren Mitte auf einer Bahre der Ermordete lag. Er war in sein prächtiges Purpurgewand gehüllt, auf der Stirn, über dem wächsernen, hageren Gesicht, glänzte der goldene Kranz. Junges Laub und die ersten Blüten des beginnenden Frühlings waren über ihn gestreut, in bronzenen Gefäßen brannten duftende Öle und Harze.
Ein Mann bestieg die *rostra,* in eine schneeweiße Toga gehüllt: Marcus Antonius, der Konsul. Als er oben auf der Tribüne stand, hob er die Arme, bis es auf dem Platz und in der gewaltigen Menschenmenge so still war, dass man den Flügelschlag eines Vogels hätte hören können.
„Volk von Rom!", rief er und sein kräftiger Bass hallte weit über den Platz, „ich will nicht viele Worte machen. Ich will nicht davon sprechen, dass er, der da unten aufgebahrt liegt, mein Freund war, nicht davon, was er für Rom geleistet hat, nicht von seinen Taten und Siegen. Er wurde das Opfer eines Attentats. Ihr selbst sollt beurteilen, ob die Täter gerecht handelten oder ob sie ein Verbrechen begingen."
Er winkte, ein Schreiber trat vor, entrollte einen Papyrus und begann daraus vorzulesen. Was die Zuhörer, erst erstaunt und dann mit wachsendem Grimm, zu hören bekamen, war der Senatsbeschluss, mit dem Caesar alle nur denkbaren

menschlichen und auch göttlichen Ehren verliehen worden waren. Ehrung über Ehrung las er vor, den nach ihm benannten Monat Juli, den Titel *pater patriae*, die Aufstellung seiner Statue mit der Aufschrift „dem unbesiegten Gott“, den Beschluss, ihm als Gott einen eigenen Tempel zu weihen. Er las den Eid vor, mit dem die Senatoren geschworen hatten das Leben Caesars zu schützen. Wütender und wütender wurde die Menge; wie hatte man diesen Mann, den besten und edelsten aller Römer, ihn, der wie ein Gott war, niederstechen können wie einen gemeinen Banditen? Wo waren die gewesen, die ihn zu beschützen versprochen hatten? Als einer aus der Menge auf die *rostra* sprang und die Köpfe der Attentäter forderte, schlug ihm ein tausendfaches „So soll es sein!“ entgegen. Marcus Antonius beobachtete eine Weile den Zorn und die Bewegung der Menschen auf dem Platz, dann stieg er von der Tribüne, ohne ein weiteres Wort zu sagen.

Nun, meine Schüler, was soll ich noch erzählen? Marcus Antonius hatte sein Ziel erreicht. Hals über Kopf mussten die Attentäter Rom verlassen.
Bald darauf tobte der Bürgerkrieg heftiger denn je, es wurde gekämpft, gemordet und intrigiert. Von den Attentätern hat keiner lange überlebt, die einen begingen Selbstmord, die anderen wurden im Kampf getötet.
Ich selbst allerdings, ich kann es nicht verschweigen, konnte aus dem Unglück Roms großen Nutzen ziehen. Auch Tertius Salvius Stolidus nämlich, mein Herr, musste aus der Stadt fliehen und wurde wenig später von einem Gefolgsmann des Marcus Antonius erschlagen.
Seine Erben erlaubten mir mich freizukaufen. Ich beschloss der großen Stadt mit ihrer Gewalttätigkeit und Unberechenbarkeit den Rücken zu kehren und mich in dieser ruhigen Provinz niederzulassen. Mein Freund Xanthippos versah mich mit genügend Geld, sodass ich die Reise hierher bezahlen und diese Schule gründen konnte, die, wie ich euch nicht extra zu sagen brauche, die beste weit und breit ist."
Eusebios Gibber schwieg einen Augenblick. „Wie nichtig", sagte er dann versonnen, „sind doch menschliche Eitelkeit und menschliches Streben. Caesar hat sein Ziel, das römische Weltreich zu beherrschen, nicht erreicht. Auch seine Mörder haben ihr Ziel nicht erreicht, denn die römische Republik hat es nie wieder gegeben. 13 Jahre noch tobte der erbarmungslose Bürgerkrieg und dann ..."

„Dann kam unser Imperator Caesar Augustus“, krähte Spurius.
„Sehr richtig.“ Eusebios Gibber lächelte ein bisschen wehmütig. „Aber das ist eine andere Geschichte.“

Caesar: Ein großer Mann verfehlt sein Ziel

Caesar war hochintelligent, sehr gebildet und belesen. Er besaß genau die Mischung aus Brutalität, Phantasie, Durchsetzungsvermögen und Organisationstalent, die man braucht, um ein einzigartig erfolgreicher Feldherr zu sein.

Aber war er auch ein bedeutender Politiker?

Es ist schwer, das zu beurteilen, denn er hatte nicht viel Zeit, um seine politischen Pläne zu verwirklichen: Meistens war er auf Feldzügen unterwegs. In den letzten fünf

Marcus Antonius hält die Leichenrede für Caesar, Holzstich, 19. Jahrhundert

Jahren seines Lebens war er immer nur für wenige Wochen oder Monate in Rom, der einzige längere zusammenhängende Zeitraum war das knappe halbe Jahr vor seiner Ermordung. Fast schien es, als wollte er lieber das gefahrvolle und entbehrungsreiche Leben eines Feldherrn führen, als sich mit den schwierigen Verhältnissen in Rom auseinander zu setzen.
In der kurzen Zeit seiner Anwesenheit in Rom tat er allerdings eine ganze Menge: Er reduzierte die Verschuldung vieler Bürger, versorgte altgediente Soldaten mit Land, siedelte 80.000 mittellose Plebejer in den Provinzen an und verlieh zahlreichen Verbündeten das römische Bürgerrecht. Er beschnitt die Macht der Statthalter in den Provinzen und verschaffte der armen Landbevölkerung Arbeit. Er reformierte den Kalender, verbesserte die Bildungssituation durch Anwerbung griechischer Gelehrter, plante die Errichtung einer großen Bibliothek und bereitete eine Aufzeichnung der römischen Rechtsbräuche vor.
Sein wichtigstes Ziel, die Stabilisierung des Staates, erreichte er nicht.
Er brach mit allen Gesetzen der Republik und herrschte wie ein König: Alle Entscheidungen traf er selbst, er regierte mithilfe seiner Kanzlei, deren Mitglieder seine Werkzeuge waren. Die Senatoren waren nur noch Marionetten, die zu seinen Beschlüssen Ja sagen durften. Man kann davon ausgehen, dass Caesar eine Monarchie, eine Alleinherrschaft wollte. Damit diese Staatsform hätte dauerhaft funktionieren können, hätte er vor

allem die mächtigen Adelsfamilien auf seine Seite bringen müssen. Das gelang ihm aber nicht, er brachte sie vielmehr zunehmend gegen sich auf.

Das lag sicher auch an seiner kolossalen Eitelkeit: Er sah sich allzu gern im Mittelpunkt und nahm dabei wenig Rücksicht auf die Gefühle anderer. Außerdem war er, trotz aller Großzügigkeit und Liebenswürdigkeit, sehr überheblich. Er ließ den Senat deutlich spüren, dass er ihn für eine Quasselbude hielt, er gab seinen Gegnern klipp und klar zu verstehen, dass er die Republik und alle ihre Traditionen verachtete.

Deshalb hat er, trotz aller Reformen, als Politiker versagt. Die Verhältnisse waren und blieben so instabil, dass nach seinem Tod der Bürgerkrieg wieder ausbrechen musste. So hatte er es vorausgesagt, aber wohl nicht erkannt, dass auch er eine Mitschuld daran trug.

Erst dreizehn Jahre später, nach einer weiteren blutigen Phase des Bürger-

Augustus (Gaius Julius Caesar Octavianus) (63 v. Chr. bis 14 n.Chr.), um 30 v. Chr.

kriegs, gelang es einem Mann, den römischen Staat neu zu ordnen, eine Alleinherrschaft zu errichten und trotzdem viele Traditionen der alten Republik zu bewahren. Dieser Mann war nicht weniger machtbewusst als Caesar, aber ungleich raffinierter und diplomatischer. Er nannte sich, auch aus Ehrfurcht vor seinem ermordeten Vorgänger, Octavianus Imperator Caesar Augustus (63 v. Chr. bis 14 n. Chr.) und wurde der erste Vertreter eines römischen Staates, der nun endgültig keine Republik mehr war, sondern von einem einzigen Mann beherrscht wurde.

Der Name Caesars aber wurde zum Titel, mit dem diese Alleinherrscher ihre umfassende Macht zum Ausdruck brachten: Kaiser.

Glossar

Ädil	*Magistrat, zuständig für Markt- und Straßenaufsicht, die Getreideversorgung und Abhaltung der öffentlichen Spiele*
Augustus (63 v. Chr. bis 14 n. Chr.)	*„Der Erhabene“, Ehrenname des Caesar-Nachfolgers Octavian, der eigentlich Gaius Octavius hieß und ein Großneffe Caesars war; Caesar soll ihn angeblich in seinem Testament adoptiert haben. Nachdem Octavian Antonius besiegt und seine Gegner im Senat beseitigt hatte, verstand er es mit diplomatischem Geschick, Alleinherrschaft und republikanische Verfassung so zu verbinden, dass alle zufrieden waren. Er nannte sich* princeps *(„Erster Bürger“), sein Staat, der nichts anderes war als eine Monarchie mit republikanischen Bräuchen, wird als Prinzipat bezeichnet. Nachdem er seinen Herrschaftsanspruch gesichert hatte, war er ein gemäßigter und weit blickender Herrscher. Nach Octavian blieb das Römische Reich bis zu seinem Untergang eine Monarchie.*

Brutus, Iunius	*Patrizier, Kopf der Verschwörung gegen den letzten etruskischen König; legendärer Vorfahre des gleichnamigen Caesar-Mörders*
Brutus, Marcus Iunius (85–42 v. Chr.)	*Überzeugter Republikaner, der im Bürgerkrieg zunächst auf Pompeius' Seite war, dann aber von Caesar begnadigt wurde und unter ihm Karriere machte. Als er erkannte, dass Caesar die Republik nicht wieder einführen würde, stellte er sich mit Gaius Cassius Longinus an die Spitze der Verschwörer. Er nahm sich das Leben, als nach Caesars Ende von einer Erneuerung der Republik nicht die Rede war.*
Catilina, Lucius Sergius (108–62 v. Chr.)	*Patrizier, der 63 und 64 die Wahlen zum Konsul verlor und deshalb die Macht im Staat mit Gewalt erobern wollte; sein Aufstand wurde von Cicero niedergeschlagen.*
Diadem	*ursprüngl. aus Persien stammendes Zeichen königlicher Würde*
eques	*Angehöriger des Ritterstands: wohlhabender Mittelstand mit einem Vermögen von mind. 400.000 Sesterzen*
fasces	*Rutenbündel mit eingebundenem Beil, Zeichen der Amtsgewalt* (imperium), *das die Liktoren den hohen Beamten vorantrugen*

Forum | *zentraler Platz, Versammlungsplatz*

Geld | *Zur Zeit Caesars gab es geprägte Münzen aus Bronze (bzw. Kupfer oder Messing), aus Silber und aus Gold. Kleingeld waren die Bronze-(Kupfer-)Münzen: der* as *bzw. der* semis *(1/2 as) oder* quadrans *(1/4 as); das gebräuchlichste Zahlungsmittel waren der* sestertius *(Messing oder Silber, Wert* 4 asses*) und der* denarius *(Silber, Wert* 16 asses*). Seltener war der* aureus *(Gold, Wert 25* denarii*). Die Monatsmiete für eine kleine Wohnung in einer* insula *betrug ca. 50–60 Sesterze. Ein Tagelöhner verdiente etwa 4 Sesterze pro Tag, bestenfalls das Existenzminimum für zwei Personen.*

genius | *der persönliche Schutzgeist eines Menschen*

gens | *Geschlecht, Familie, Sippe: Gaius Julius Caesar z. B. entstammte der Gens der Julier*

Iden | *der 13. bzw. 15. (im März, Mai, Juli, Oktober) Tag eines Monats*

imperium | *Amtsgewalt der höchsten Magistrate (Diktator, Konsul, Prätor), umfasste die Rechtsprechung und das Kommando über die Truppen; symbolisiert durch die* fasces

imperator	*ursprünglich Inhaber des* imperiums, *später auch vom Senat verliehener Ehrentitel, dann Beiname der römischen Kaiser*
interrex	*wenn nötig vom Senat für bis zu fünf Tagen ernannter „Regierungschef" zwischen den Amtszeiten der Konsuln*
Iuno	*Gattin Iuppiters, Göttin der Ehe und Fruchtbarkeit*
Iuppiter	*Gatte der Iuno, oberster Gott der römischen Staatsreligion*
Kalenden	*der erste Tag des Monats*
Kleopatra (69–30 v. Chr.)	*seit 51 Königin von Ägypten, bis sie 48 von ihrem Bruder abgesetzt wurde; sie wurde die Geliebte Caesars, der sie nach Rom holte und dem sie einen Sohn gebar. Nach Caesars Tod kehrte sie nach Ägypten zurück, beseitigte ihren Bruder und regierte zusammen mit ihrem Sohn. Später wurde sie die Geliebte und Ehefrau des Marcus Antonius, mit dem sie gemeinsam gegen Octavian kämpfte, um Ägypten vor dem Zugriff Roms zu retten. Als sich die Niederlage abzeichnete und Ägypten zur römischen Provinz zu werden drohte, beging sie Selbstmord.*

Klient | *Anhänger eines Patrons, der auch bei Wahlen für ihn stimmte*

Konsul | *höchster Magistrat, „Regierungschef"*

latrina | *Abort, Toilette*

Legat | *Stellvertreter eines Statthalters oder Feldherrn*

libertinus | *Freigelassener*

Liktoren | *Amtsdiener, die den Inhabern des* imperiums *vorangingen, mit den* fasces *als Symbolen der Macht*

Longinus, Gaius Cassius (✝42 v. Chr.) | *Cassius, der als Adeliger die Beamtenlaufbahn einschlug, stand während des Machtkampfs zwischen Pompeius und Caesar auf Pompeius' Seite. Nach dem Sieg Caesars wurde er begnadigt und machte Karriere. Er organisierte die Verschwörung gegen Caesar in der Überzeugung, nur dadurch die Republik retten zu können. Er nahm sich im Lauf der Kämpfe um Caesars Nachfolge das Leben.*

Luperkalien | *Fest des Gottes Faunus*

Magistrate | *alle gewählten römischen Beamten*

Mars | *Kriegsgott*

Matrone | *römische Ehefrau gesetzten Alters*

Minerva | *Göttin der Weisheit und Kunst*

nobiles | *die adeligen Familien*

Nonen	*der 5. (im März, Mai, Juli, Oktober der 7.) Tag des Monats*
Optimaten	*Angehörige der Adelspartei (Senatspartei)*
Papyrus	*Beschreibstoff aus dem Mark der Papyrusstaude*
Partherreich	*großes Reich südöstlich des Schwarzen Meers, alter Feind Roms*
pater familias	*Familienoberhaupt mit weit reichenden Vollmachten*
Patrizier	*Angehöriger der ältesten römischen Adelsfamilien*
Patron	*römischer Bürger von Einfluss, der einer Anzahl von Klienten Schutz gewährt, ihnen in Notlagen weiterhilft und sie vor Gericht vertritt*
pietas	*Frömmigkeit, Göttin der Frömmigkeit*
Plebejer	*einfacher Bürger der Unterschicht*
pontifex maximus	*oberster Priester, Wächter über die römische Staatsreligion*
Popularen	*Anhänger einer gegen den Senat gerichteten Politik*
potestas	*politische Macht, Amtsgewalt, Vorrangstellung*
Prätor	*zweithöchster Magistrat, Richter*
Prokonsul	*Exkonsul, Statthalter einer Provinz*
Proprätor	*Exprätor, Statthalter einer Provinz*

pugio	*zweischneidiger (Soldaten-)Dolch, galt als „ehrenhafte" Waffe; die Mörder Caesars bedienten sich selbstverständlich alle eines* pugio.
Quästor	*niedrigster Magistrat, zuständig für die Finanzverwaltung*
Quirinus	*Name des vergöttlichten sagenhaften Stadtgründers Romulus*
res publica	*Gemeinwesen, Staat; im engeren Sinn der römische Staat, der von Senat, Volksversammlung und den Magistraten gemeinschaftlich regiert und verwaltet wurde.*
Saturn	*alter römischer Gott der Zeit und der jungen Saat*
Saturnalien	*ausgelassenes Fest des Saturn, an dem die Sklaven den Herren ihre Meinung sagen und sich von ihnen bedienen lassen durften; ein Vorläufer des Faschings/Karnevals*
Senat	*wichtiges römisches Verfassungsorgan, kontrollierte die Magistrate und bestimmte die Richtlinien der Außenpolitik; Mitglieder waren alle Patrizier und alle ehemaligen Magistrate, seit Sulla auch Günstlinge, ursprünglich 300, seit Sulla 600, seit Caesar 900 Mitglieder.*

servus | *Sklave*

sica | *einschneidiger (Gladiatoren-)Dolch, galt als unehrenhafte Waffe*

SPQR | Senatus populusque Romanus, *Senat und Volk von Rom; Bekräftigungsformel für Gesetze und Entschlüsse*

Tarquinius superbus | *letzter (sagenhafter) König Roms, der „Hochmütige". Der Überlieferung nach war er durch Mord und Bestechung an sein Amt gekommen und übte eine Schreckensherrschaft aus. Nachdem sein Sohn eine ehrbare Patriziertochter vergewaltigt und in den Tod getrieben habe, sei er um 509 v. Chr. von den Römern vertrieben worden.*

Thermen | *Badeanlagen mit Kalt-, Warm- und Heißwasserbecken sowie mit Dampfbad, Fitness-, Massage- und Ruheräumen. Thermen dienten nicht nur der Entspannung und Erholung aller Schichten, sondern waren auch ein beliebter Ort, um Geschäfte zu besprechen, Übereinkünfte zu treffen oder intimen Klatsch auszutauschen.*

Triumphzug | *Zug (mit erbeuteten Gütern, Waffen, Gefangenen) durch die Stadt, der einem* *siegreichen Feldherrn vom Senat zugebilligt wurde; der Geehrte durfte Purpurgewand und Lorbeerkranz tragen*

Tyrannos | *nicht durch andere Institutionen kontrollierter Alleinherrscher bei den Griechen, dessen Regierung oft durch Willkür gekennzeichnet war*

victoria | *Sieg, Göttin des Sieges*

virtus | *Tugend, Tüchtigkeit, Göttin der Tugend*

Volkstribunen | *10 Beamte, die von der Volksversammlung gewählt wurden, um die Rechte der Plebejer wahrzunehmen; sie waren unverletzlich(d.h. ein Angriff auf sie war ein Staatsverbrechen) und hatten ein Einspruchsrecht bei allen Beschlüssen des Senats und der Magistrate.*

Zeittafel 100 – 44 v. Chr.

100 Gaius Julius Caesar wird in Rom geboren.

88–84 Bürgerkrieg zwischen der Partei des Marius und der des Sulla

87 Caesar wird zum Priester des Iuppiter ernannt.

82–79 Diktatur Sullas; Proskriptionen

81–78 Caesar leistet Militärdienst in der Provinz Asia.

70 Pompeius und Crassus werden zu Konsuln gewählt.

69 Caesar schließt sich den Popularen an. Kleopatra wird geboren.

68 Caesar wird Quästor.

62 Caesar wird Prätor. Gaius Octavius, der spätere Augustus, wird geboren.

58–51 Unterwerfung ganz Galliens durch Caesar im gallischen Krieg

60 Caesar schließt sich mit Crassus und Pompeius zu einem Bündnis, dem „Triumvirat“, zusammen.

65 Caesar wird Ädil.

61 Caesar wird Proprätor der Provinz Hispania ulterior.

59 Caesar wird zum Konsul gewählt; nach Ablauf des Konsulats erhält er als Prokonsul die gallischen Länder auf fünf Jahre zugesprochen.

63 Caesar wird zum *pontifex maximus* auf Lebenszeit gewählt. Cicero wird zum Konsul gewählt und deckt die Verschwörung des Catilina auf.

52 Pompeius wird alleiniger Konsul.

48 Caesar wird zum zweiten Mal Konsul. In der Schlacht von Pharsalus wird Pompeius besiegt und auf der Flucht in Ägypten ermordet.

54 Ägypten wird von den Römern besetzt.

49–46 Bürgerkrieg zwischen der Partei Caesars und der des Pompeius

53 Pompeius und der Senat wenden sich gegen Caesar.

49 Caesar wird aus Gallien abberufen und marschiert in Rom ein.

50 Caesar wird vom Senat der Oberbefehl über die Truppen entzogen.

48/47 Die Ägypter, die sich gegen die römische Besatzung erhoben haben, werden von den Truppen Caesars besiegt; Beginn der Beziehung zu Kleopatra.

46 Nordafrikanischer Krieg; dort hatten Caesars republikanische Gegner Truppen zusammengezogen, sie werden von Caesars Soldaten besiegt. Caesar wird nach seiner Rückkehr nach Rom Diktator auf zehn Jahre. Kalenderreform.

45 Caesar schlägt einen Aufstand der Senatspartei in Spanien nieder. Nach der Rückkehr nach Rom Erweiterung des Senats auf 900 Mitglieder.

44

44 Ausrufung Caesars zum Diktator auf Lebenszeit, Marcus Iunius Brutus wird Prätor. Marcus Antonius trägt Caesar die Königswürde an. Caesar wird von einer Gruppe von Republikanern unter Führung von Marcus Iunius Brutus und Gaius Cassius Longinus ermordet. Bestattung Caesars, Leichenrede des Marcus Antonius. Die Caesarmörder müssen fliehen, der Bürgerkrieg bricht erneut aus.

Inhalt – erzählende Kapitel

Inhalt – Sachkapitel

Bildnachweis

akg-images GmbH, Berlin: 12, 26, 68, 81, 82, 92, 94; Connolly, Peter 46, 47; Lessing, Erich 25, 78; Nimatallah 22. |bpk-Bildagentur, Berlin: 124; Alfredo Dagli Orti 126; Buresch, Hermann 106; Remmer, Jochen 64; Scala 10, 44; Scala - courtesy of the Ministero Beni e Att. Culturali 66. |Puth, Klaus, Mühlheim: 49. |stock.adobe.com, Dublin: Zsolt Biczó 11.

Impressum

13. Auflage 2024

Rottendorfer Str. 16, 97074 Würzburg

Coverillustration: Joachim Knappe
Innenillustration: Klaus Puth
Gestaltung und Typografie: knaus. büro für konzeptionelle und visuelle identitäten, Würzburg
Gesamtherstellung: Westermann Druck Zwickau GmbH
ISBN: 978-3-401-05979-2

www.arena-verlag.de
mitreden unter forum.arena-verlag.de